Heike Geißler

Saisonarbeit

Spector Books

Volte #2
herausgegeben von Jörn Dege
und Mathias Zeiske

Heike Geißler

Saisonarbeit

Spector Books

Inhalt

Vier

Mein Freund bekommt Post von Amazon.
Sie lernen neue Wörter und treffen auf
die ersten Waren. Sie müssen einmal lachen.

71

Fünf

Sie protzen mit Pralinen, die Sie sich nicht leisten
können. Ich überlege, was eigentlich funktioniert.
Gemeinsam fallen wir hintenüber. Und außerdem
ist Montag.

91

Sechs

Kurz kennen Sie sich gut aus in diesem Job.
Aber dann haben Sie ein Cubi-Tote-Problem.
Und das hat es wirklich und nachhaltig in sich.

111

Sieben

Sie sind krank und besorgt, die Krankheit könne
über Nacht verschwunden sein. Die Ärztin
hat vielleicht auch keinen besseren Job als Sie.
Und der Arbeitswelt muss wohl ein Bein
gestellt werden.

133

Acht

In Ihnen stehen abwinkende Heere parat.
Aber wenigstens schneit es, und Sie sind wieder
gesund. Außerdem: Bücher! Und ein kurzes
Verknalltsein als Bonuskraft am Arbeitsplatz.

163

Neun

Bald ist tatsächlich Weihnachten und folglich
Zeit zu handeln. Mein Freund bekommt
schon wieder Post von Amazon. Sie arbeiten
in der Turboschicht und haben genug.

191

Zehn

Gleich haben Sie es geschafft. Vorher aber wollen Sie über das Wetter sprechen. Ihr neuer bester Freund ist ein Hooligan, und Chöre vom Band zählen nicht.

225

Elf

Haben Sie nun eigentlich gehandelt? Sie haben eine Menge geschafft, aber noch wenig Ahnung von der Freiheit. Und Amazon will Sie wieder anstellen.

245

„Sehr geehrte Frau ...,

zunächst möchten wir uns herzlich für Ihr Interesse an einer Tätigkeit als Versandmitarbeiter für das Weihnachtsgeschäft bei der Amazon Distribution GmbH bedanken.
Gern laden wir Sie zu unserem nächsten Auswahltag am kommenden Mittwoch um 13 Uhr in unser Haus ein. Sie haben an diesem Tag die Möglichkeit, sich über die Tätigkeiten bei Amazon zu informieren. Anschließend können Sie einen praktischen Auswahltest in dem von Ihnen bevorzugten Arbeitsbereich absolvieren.

In folgenden Tätigkeitsfeldern haben
wir freie Stellen zu besetzen:
Wareneingang: Stehende Tätigkeit,
Arbeit mit dem PC
Wareneinlagerung: Laufende Tätigkeit,
Arbeit mit einem Handscanner
Kommissionierung: Laufende Tätigkeit,
Arbeit mit einem Handscanner
Verpackung: Stehende Tätigkeit, Verpacken
der Artikel, Arbeit mit Scanner

Sollten Sie an diesem Termin leider nicht teilnehmen können, vereinbaren Sie bitte mit uns einen neuen Termin.

Unsere Adresse lautet:

Amazon Distribution GmbH
Amazonstraße
Leipzig

Bitte beachten Sie, dass wir für den Vorstellungstermin leider keine Reisekosten erstatten können. Wir freuen uns auf Ihr Kommen!

Mit freundlichen Grüßen
Ihre Personalabteilung“

Eins

Geht es hier eigentlich um Leben und Tod? Ich sage einstweilen *nein* und komme später auf die Frage zurück. Dann werde ich sagen: Nicht direkt, aber irgendwie ja doch, es geht darum, wie sehr der Tod ins Leben darf. Oder das Tödliche. Also das, was uns umbringt. Um genau zu sein: Gegen das Tödliche ist der Tod ein Waisenknabe. Oder: Der Tod ist gegen das Tödliche ein Herr mit guten Manieren und einer Schüchternheit im Blick.

Das Tödliche ist von jetzt an Ihr Begleiter, so viel kann gesagt werden. Aber erst einmal gehen wir los, denn Sie haben ja einen Vorstellungstermin. Sie gehen los, ich begleite Sie und sage Ihnen, wie alles ist und was Ihnen passiert. Sie sind ab jetzt als ich unterwegs. Sie sind also weiblich, bitte merken Sie sich das, denn es ist an einigen Stellen wichtig. Sie sind eigentlich Autorin und Übersetzerin, haben zu diesem Zeitpunkt zwei Söhne und einen Partner, der gut zu Ihnen passt, was Sie meistens auch wissen.

Ihr Freund hat Ihnen vorm Losgehen viel Glück gewünscht und nochmals gesagt, Sie müssten das nicht machen. Aber das stimmt nicht, Sie müssen das machen, Sie müssen jetzt das Erstbeste versuchen, um Geld ins Haus zu bekommen.

Ihr Vorstellungstermin heißt nicht Vorstellungsgespräch, weshalb Sie sich keine Worte zurechtlegen und auch nicht besonders gekleidet sind. Sie tragen Jeans und Pulli, es geht um keine Karriere. Sie gehen aus dem Haus, eventuell sind Sie aufgeregt, denn Sie wollen den Job, Sie haben nun einmal kein Geld und lehnen es aus gewissen Gründen, die ich noch erklären werde, ab, Hartz IV, Wohngeld oder dergleichen zu beziehen. Sie bekommen Kindergeld für zwei Kinder, Sie bekommen auch Rechnungen bezahlt, aber leider werden Ihre Rechnungen meistens nicht pünktlich bezahlt. Es kommt erschwerend hinzu, dass Sie auch nicht gut darin sind, Rechnungen zu schreiben; Sie schieben das immer auf die lange Bank. Die Bank ist lang wie der längste Lebkuchen der Welt, also einen Kilometer. Auch schreiben Sie nie Mahnungen. Sie denken, dann gibt man Ihnen keinen Auftrag mehr. Sie sind jetzt, falls Sie es nicht eh schon sind, ein Seelchen. Sie sind, das haben Sie auch schriftlich, sehr empfindlich, aber machen Sie sich nichts daraus, die Empfindlichkeit sollte man Ihnen nicht vorwerfen, Sie dürfen Ihre Empfindlichkeit von nun an als ein Potenzial verstehen. In Ihrer Verletzbarkeit liegen etliche Möglichkeiten verborgen.

Wie gesagt: Sie sind empfindlich und werden es bleiben – und auch darauf kommen wir zurück.

Eventuell kommt Ihnen allein diese Fahrt zu Amazon, von der Sie noch nicht wissen, ob sie von Erfolg, also von einem befristeten Arbeitsvertrag, gekrönt sein wird, wie der Beginn oder Beleg eines sozialen Abstiegs vor. Sie werden immer wieder versuchen, es anders zu sehen, aber schon der Anfang zwingt Sie in die Knie und eine Schicht tiefer und so wird es bleiben. Ja, Sie werden Schichten sehen, falls Sie das nicht vorher schon taten. Sie werden die Schichten dermaßen deutlich vor sich sehen wie Geologen den Aufbau des Bodens, aus dem sie eine tiefe Grube aushoben. Wenn Sie genau überlegen, kommen Sie manchmal zu dem Schluss, dass der soziale Abstieg nur etwas behelfsmäßig das bezeichnet, was eher ein sich verfestigt habender Mangel an Möglichkeiten und Weitsicht ist. Es wird also so sein: Sie bekommen diesen Job und freuen sich, und dann werden Sie müde sein, werden jeden Tag Ihre Augen kaum noch offen halten können, Ihnen wird die Kraft für alles Vergnügliche oder schlicht für alles fehlen und Sie werden sehr viel mehr über Ihr Leben und das Ihrer Eltern und all derer wissen, die Vorgesetzte haben. Sie haben ja normalerweise keinen Chef, keine Chefin. Sie werden bald etwas über

das Leben wissen, das Sie vorher nicht wussten, und es wird nicht nur mit der Arbeit zu tun haben, sondern auch damit, dass Sie älter werden, dass Ihnen jeden Morgen zwei Kinder hinterherweinen, Sie mögen doch nicht zu dieser Arbeit gehen, und damit, dass mit dieser Arbeit und vielen Sorten Arbeit grundsätzlich etwas faul ist.
Sie werden viel darüber nachdenken, was es mit der Arbeit auf sich hat, warum diese Arbeit niemandem zugemutet werden sollte. Sie werden Missverständnissen unterliegen und Dinge verwechseln und Ihre Empfindlichkeit wird sich vom erstbesten Tödlichen bearbeiten und herausfordern lassen, so dass Sie eine Weile brauchen werden, um herauszufinden, woran Sie wirklich leiden, und dass Ihr Leid keinesfalls ein spezielles ist, sondern ein frappierend allgemeines. Ja, Sie sind allgemein, ich will Sie allgemein betrachten und Ihnen Ihr Allgemeinstes vorstellen. Aber das Spezielle kommt zuerst.

Grundsätzlich ist es jedenfalls nahezu unmöglich, von dieser Arbeit, die Sie gleich haben werden, nicht in die Knie und in den Trotz gezwungen zu werden.

Sie fahren mit der Straßenbahnlinie 3 Richtung Sommerfeld, die Bahn füllt sich bis zum Hauptbahnhof, dort steigen die meisten aus, niemand steigt zu. Sie gehen davon aus, dass alle, die nun noch im

Waggon sind, genauso wie Sie zu Amazon zum Testarbeiten fahren. Sie sehen auf Ihren Zettel: aussteigen Teslastraße/Heiterblick, dann Amazonstraße.

Eine fahle Wintersonne. Sie sind nun also unterwegs, um am Weihnachtsgeschäft des Unternehmens teilzuhaben. Es könnte aber auch das Ostergeschäft oder irgendein anderes an irgendeine Saison oder Feierlichkeit gebundenes Geschäft sein, das hier einen Job für Sie abwerfen soll. Vorerst jedoch ist Winter, es ist nicht mehr weit bis Weihnachten, demnächst wird es sehr kalt werden. Die Straßenbahn entfernt sich aus dem Stadtzentrum, links und rechts von der Strecke stehen viele Häuser leer. Schließlich überwiegen die Grün- und Nutzflächen, Sie nähern sich den funktionalen Regionen der Stadt: Tankstellen, Autovermietungen, Kranverleih, Bordell, leerstehende Bürokomplexe, Plattenbausiedlungen in einiger Entfernung zur Straße. Sie sind aufgeregt, das hat sich noch nicht gelegt. Sie suchen nach einer passenden Haltung, einer Denkweise, um eben nicht zu denken, dass Sie bei diesem Ausflug keiner sehen darf. Sie sitzen in der Straßenbahn und fahren zum Testarbeiten, weil das Unternehmen Sie interessiert. Sie sind ein Buchmensch und dürfen sich aus Recherchegründen für dieses Unternehmen interessieren. Sie werden aber dennoch lernen zu sagen, dass Sie das Geld eben brauchen, dass Sie einen solchen

Job haben und dennoch Schriftstellerin sind und Übersetzerin. Es ist ja vieles möglich. Es wird Ihnen jedenfalls irgendwann ganz leicht fallen, all Ihre seltsamen Idealvorstellungen von Laufbahn und Leben und Erfolg über Bord zu werfen und zu sagen, dass Sie diesen eigentlichen Job haben und dazu einen weiteren. Sie werden dann wissen, dass nicht alles nur an Ihnen liegt und dass der Bauarbeiter, der vier schwere Balken schleppte, so dass sich ihm die Beine ins O bogen, dem mein kleinerer Sohn und ich zusahen, eben nicht Recht hatte, als er zu meinem Sohn sagte: Pass gut in der Schule auf, damit du sowas später mal nicht machen musst.

Sie werden immerzu darüber nachdenken, was nun eigentlich jeder für Vorstellungen vom Aufbringen des Lebensunterhalts hat, warum es zuweilen wie Versagen wirkt, vom eigentlichen Job nicht leben zu können. Sie werden sich sogar selbst überraschen, wenn Sie abkommen von allen Helden- und Erfolgsgeschichten, von Leistungsgedanken, und wenn Sie den Müßiggang preisen und sich gegen das ewige Gebot von Wettbewerb und Wachstum stellen. Sie werden dennoch manche Sätze auswerfen, die Ihren Freund veranlassen werden zu sagen, Sie seien die einzige neoliberale Linke, die er kenne. Dann denken Sie darüber nach.

Immer gibt es etwas, worüber man nachdenken kann. Das sollte, so lapidar es auch klingt, auf jeden Fall Erwähnung finden.

Sie steigen als Einzige aus und wissen sogleich, wie ein Weltunternehmen aussieht. Es ist nicht zu übersehen, könnte aber übertroffen werden. Die Versandhalle ist grau und flach parallel zur Straße gebaut, ist riesig, aber diskret. Sie wirkt überschaubar, wie ein gezähmter Riese, oder wie ein Inhaftierter auf Freigang, der sich darum bemüht, weder straffällig zu werden noch so zu wirken, als könnte er es wieder werden. Am das Gelände umgebenden Zaun hängt ein Banner mit der Mitteilung, dass Mitarbeiter gesucht werden. Ihr Freund hat Ihnen gesagt: Du musst dir keine Gedanken machen, die nehmen dich auf jeden Fall. Aber Sie sind nicht so, dass Sie sich keine Gedanken machen, wobei man natürlich in Frage stellen kann, inwiefern Sorgen überhaupt Gedanken und nicht eher Reflexe sind.

Sie stehen vor dem Drehtor zum Firmengelände und drücken auf den Klingelknopf für Besucher. Sie versuchen, sich schnell zu orientieren, Sie wollen ja auch niemandem im Weg stehen. Sie folgen der Anweisung, die auf dem Schild vor Ihnen steht, und blicken, während Sie klingeln, in die Kamera schräg über Ihnen und warten. Die Drehtür bewegt sich nicht. Sie klingeln dreifach, blicken in die Kamera, wissen nicht, ob Sie mit Ihrem Blick den Türöffner auszulösen haben, wofür dieser Blick in die Kamera, den Sie wohl nicht zu beherrschen scheinen, wohl da ist. Sie kommen nicht auf die Idee, dass Ihre Blicke nur einen Bildschirm füllen, der zwischen etlichen anderen Bildschirmen am Tresen der Sicherheitsleute im Eingangsbereich steht und nicht beachtet wird und nicht wichtig ist. Ein Licht leuchtet grün, Sie drücken gegen die Drehtür, aber die Tür bewegt sich nicht. Schließlich schiebt ein Mitarbeiter seinen Mitarbeiterausweis von rechts an Ihnen vorbei vor den Sensor, drückt gegen die Drehtür, die sich sogleich zu drehen beginnt, und schickt Sie mit einem beherzten *Na los* hinein.

Vor Ihnen ein Betonturm, den Sie betreten, weil es naheliegt und weil der, der Sie einließ, das genauso tat. Der Turm ist gelb und wird, das werden Sie bald erfahren, aufgrund seiner Farbe Banana Tower genannt. Er ist das Treppenhaus zu einer metallenen Brücke, die wiederum zur Halle führt. An einer Wand klebt das laminierte Foto einer den Handlauf umfassenden männlichen Hand, daneben die Aufforderung *Handlauf benutzen!* Sie benutzen den Handlauf nicht, benutzen ihn nun demonstrativ nicht, und das ist vielleicht etwas kleinlich von Ihnen, zeigt aber, wie Sie sind: Sie empfangen nicht gern Befehle, man darf Sie aber bitten.

Ich denke an das Foto einer Preistafel aus einem Café in Nizza, das überall im Internet zu sehen war. Die Tafel erklärt, wie der Preis des Kaffees mit der Art der Bestellung zusammenhängt. Dort hängt der Preis für einen Kaffee davon ab, wie Sie ihn bestellen. Sagen Sie *einen Kaffee* zahlen Sie sieben Euro, *einen Kaffee, bitte* kostet Sie 4,25 Euro, sagen Sie jedoch *Guten Tag, einen Kaffee bitte*, kostet der Kaffee Sie nur noch 1,40 Euro. Leider ist es nicht so, dass Ihr Stundenlohn oder Ihre Honorare steigen, wenn man unhöflich zu Ihnen ist, Sie unter Druck setzt und respektlos behandelt.

Als Sie das Handlauffoto auch in der nächsten Ebene des Turmes entdecken, stecken Sie Ihre Hände in die Jackentaschen und streifen die in den Ecken hängenden Überwachungskameras mit kühlen Blicken. Noch haben Sie für dergleichen Kraft und Zeit.
Die Turmtreppe entlässt Sie auf der dritten Ebene. Die Brücke zum Halleneingang scheppert unter Ihren Schritten. Unten parken LKW an den Docks. Das sind die zeitweiligen Fortsätze der Halle, sie wirken wie festgesaugt. Ein Laster von DHL dockt ab, fährt los. Sie stolpern über eine Bodenmatte.

Und da stehen Sie nun auf hellen Bodenfliesen, rechts von Ihnen sitzen Menschen auf grauen Stühlen und warten, sitzen wie beim Arzt, aber was ist das für ein Arzt, ein Arzt für die Übriggebliebenen, ein Arzt für Betrübte, die keine großen Anstrengungen unternehmen, um sich von der speckigen, abgenutzten Wand abzuheben; die gehen alle ein. Diesen Arzt besuchen Sie auch gleich. Sie gehören jetzt nämlich dazu, auch wenn Sie das anders sehen und allerlei sagen werden, um zu betonen, dass es eine Distanz zwischen Ihnen und den anderen Mitarbeitern und erst recht zwischen Ihnen und dem Unternehmen gibt – das stimmt nicht. Sie befinden sich jetzt im Mund des Unternehmens (oder hat es eher ein Maul?) und werden anverdaut, bevor Sie den Rest des Verdauungstraktes betreten dürfen.

Also sitzen Sie, von rechts kommt der Gestank nicht gewaschener Wäsche oder von Wäsche, die in einem nicht gelüfteten Raum zum Trocknen hängt, stinkende Socken. Sie sitzen auf dem letzten freien Stuhl und atmen durch den Mund und hatten ja doch damit gerechnet, einen Termin für sich allein zu haben. Sie als ich sind eine unter vielen, aber falls Sie grundsätzlich ein Mann sein sollten, wären Sie einer unter vielen. Sie säßen da, genauso wie ich dasaß, und wie Sie als ich nun sitzen. Also sitzen Sie mal und sehen sich um: Ihnen gegenüber steht ein Tisch, der eine auf Tischböcke gelegte Tür ist, und diese Tür, die Ihnen sofort unverständlich erscheint, wird Ihnen unverständlich bleiben. Sie ist das Symbol aller Knauserigkeit und soll Jeff Bezos' ersten Schreibtisch nachbilden, folglich den Anfang dieses Unternehmens, dieses sehr erfolgreichen Weltunternehmens. Es ist offensichtlich, dass auch ein anderes Symbol hätte gewählt werden können, weil es immer auch ein anderes Symbol gibt, jedoch nicht gewählt wurde. Sie sehen Spuren kleinerer oder größerer Vernachlässigungen: Staub auf den Blättern der Pflanze gegenüber, die nicht vollständig ins Schloss fallende Eingangstür, die gräuliche Patina an der Wand oberhalb der Stuhllehne, wo die Köpfe und Schultern vieler Wartender sich angelehnt und verewigt haben. Die Mitarbeiter am Empfang beobachten halbherzig oder gar nicht die von den Überwachungskameras gelieferten Bilder. Hinter dem Empfangsbereich gibt eine Fensterfront den Blick ins Halleninnere frei. Dicke Lampen hängen an langen Kabeln von der Decke. Durch die Dachfenster fällt ein bescheidenes Licht nach unten. Es hält sich neben den riesigen Tageslichtleuchten zurück. Von Ihrem Platz aus sind keine Mitarbeiter in der Halle zu sehen, nur der Luftraum über ihnen.

Sie erkennen übrigens leicht, wer hier dazugehört und wer nicht. Die dazugehören, gehen mit entspannten, aber zielgerichteten Schritten über die Fliesen und sehen sich nicht um. Die meisten tragen Jeans, deren hinterer Saum ausgefranst ist. Viele kleine Saumfransen polieren den Weg hinter den Zugehörigen. Einer der Zugehörigen, ein junger Mann mit Klemmbrett in der Hand und einer langen Schlüsselkette, stellt sich vor alle Wartenden, sagt: Wer noch nicht weiß, in welchem Bereich er arbeiten will, soll sich zuvor die Informationsvideos in der Kantine ansehen.

Sie sind neugierig, wollen so viel wie möglich sehen, bedurften jedoch dieser Aufforderung, um sich von Ihrem Warteplatz zu erheben. Die Kantine ist groß, mit Sicht auf den Parkplatz, die Straßenbahngleise, die Anhöhe und das Feld auf der anderen Straßenseite. Eine Handvoll Arbeiter essen zu Mittag. Sie tragen orangene Schutzwesten und werfen kurze Blicke auf die Eintretenden. Sie grüßen, man grüßt zurück, dann stellen Sie sich mit in den Nacken gelegtem Kopf vor die an der Decke befestigten Fernseher. Sie stehen inmitten vieler. Der Film zeigt, wie eine Warenlieferung Amazon erreicht. Ein Hubwagenfahrer fährt eine riesige Kiste zu einer jungen Mitarbeiterin. Diese lächelt, öffnet den Karton, packt ihn aus. Sie scannt den Barcode der Ware, legt sie in gelbe Kisten, schiebt die Kisten auf ein Förderband. Über den Rand einer gelben Kiste ragt ein Plüschtierelch. Er lugt in die Arbeitswelt, als schaute er aus einem für eine kleine Reise gepackten Kinderrucksack. Er ist der rote Faden der Einführung, erreicht in seiner Kiste das Lager, wird dort von einem Mitarbeiter aus der Kiste genommen. Erneut wird der Barcode gescannt und der Elch danach in ein Regal gesetzt. Man muss gut laufen können, sagt der Mitarbeiter im Film, er gehe täglich fast zehn Kilometer, er spare sich somit das Fitnessstudio. Ein anderer Mitarbeiter nimmt den Elch aus dem Regal, scannt den Barcode, packt ihn in eine gelbe Kiste. Erneut ragt der Elch über den Kistenrand, reist über Transportbänder in die Verpackstation, wird schließlich zum Versand an einen Käufer in einen Karton gelegt.

Sie denken, das ist ein Spiel, alle spielen, und natürlich, so ist es, es ist ein Spiel, ein Gesellschaftsspiel, und Sie spielen nicht gern Gesellschaftsspiele, das war schon immer so. Sie sind, das kann man sagen, nicht so vertraut damit, wenn alle irgendwelche Rollen spielen, das heißt Funktionen ausüben. Sie bevorzugen es, auf Menschen zu treffen, die sind, was sie tun, und Sie wurden vor einigen Jahren gefragt, ob es Ihnen um Authentizität gehe. Das war die Frage eines etwas irritierten

Journalisten, die Sie bejahten. Sie wunderten sich, was da nun für diesen Journalisten dagegensprach. Ich sage Ihnen, nichts spricht dagegen, es spricht einfach nichts gegen Authentizität, aber ich kann Sie, wenn Sie das beruhigt, auch Stimmigkeit nennen.

Sie stehen nun jedenfalls in einer Schlange, Sie stehen auch nicht gern in Schlangen, aber wer tut das schon – und zudem: Das wird von nun an unvermeidlich sein. Sie sollen der am Ende der Schlange hinter einem Schreibtisch sitzenden Mitarbeiterin sagen, in welchem Bereich Sie arbeiten wollen. Die Mitarbeiterin hat etliche weiße Zettel und hält einen zerkratzten Kugelschreiber in der Hand. Auch in einem Weltunternehmen ist es klein und handschriftlich und improvisiert. Sie sind dran und nennen Ihren Namen. Die Mitarbeiterin steht auf und ruft an Ihnen vorbei: Wie soll ich denn arbeiten, wenn hier alle so leise sprechen und ich bei jedem dreimal nachfragen muss? Also reden Sie etwas lauter. Ihnen ist, als würden Sie ein Geheimnis verraten. Hinter Ihnen kichern zwei Mädchen, die wirken gänzlich jung und jugendlich. Vor ein paar Wochen war es Ihnen so vorgekommen, als wären Sie in etwa auch so jung wie diese beiden. Die beiden lachen immer mehr, aber, natürlich, es ist nur eine Frage der Zeit, dass es auch denen ernst werden wird.

Was Sie jetzt schon wissen: Sie sind zum Beispiel umgeben von Leuten, die einfach nur einen Job suchen, denen es egal ist, wo sie arbeiten. Es gibt die, die noch andere Arbeit finden könnten, die eher aus Zufall oder Einfallslosigkeit, nicht aus Not hier sind. Es gibt jene, die grundsätzlich noch andere Möglichkeiten als diese haben oder haben könnten, nur ist im aktuellen Moment der Wurm drin oder dergleichen. Es gibt auch solche, die noch andere Möglichkeiten zu haben scheinen, nur sind diese anderen Möglichkeiten auch nicht besser. Und es gibt die, deren andere Möglichkeiten schlechter sind. Zudem gibt es jene, die anzunehmen scheinen, sie hätten eine Möglichkeit, hier einen Job zu bekommen, die aber diese Möglichkeit nicht haben. Alle lassen sich einteilen in jene, die die Agentur für Arbeit hergeschickt hat, und jene, die nicht die Agentur geschickt hat; das sind die wenigsten.

Ja, Sie können sich noch ein paar Gedanken machen und Ihren Blick schweifen lassen. Sie wissen schon eine Menge von diesem Unternehmen, von der Sorte Arbeit, die Ihnen hier blüht, vermutlich wissen Sie alles, aber noch ist das ein Ausflug, ein Abenteuer, Sie machen sich gedanklich Notizen. Das alles ist überaus spannend. Zwar sind Sie nicht hier, um darüber zu schreiben, aber Sie haben nichts gegen Erfahrungen und Einblicke in

Unternehmen, denen Sie sonst nur als Oberfläche im Internet begegnen.

Alles dauert, man geht hier großzügig mit Ihrer Zeit um. Man hat Ihre Zeit eigentlich gar nicht im Blick. Von Anfang an stehen Sie zur Verfügung. Sie sind ein Listenelement. Sie sitzen nun in einem weißen kalten Raum auf einer Biergartenbank und warten inmitten anderer Testarbeiter auf den praktischen Auswahltest. Sie sind nervös und haben Angst zu versagen. Sie wollen diesen Job nicht, aber Sie sind ja vernünftig und haben Kinder, die alle Nase lang Wünsche haben, und auch Ihr Freund hat ein paar Wünsche, und Sie selbst haben ebenso Wünsche, ziemlich reduzierte allerdings, die sich meistens als Bedürfnisse ausgeben. Sie brauchen vollkommen jahreszeitenunabhängig eben Geld, da sind Sie wie alle, und das kann, wenn Sie wollen, ja auch eine beruhigende Wahrheit sein oder ein Ausgangspunkt dafür, es irgendwann anders zu versuchen und die Wahrheit nicht für unumstößlich zu halten.

Rechts von Ihnen befindet sich ein durch Stellwände abgetrennter Bereich, in dem man sich über den Arbeitsschutz informieren kann. Sie sehen das auf A4 vergrößerte Foto eines geschwollenen Daumens, der kurz vor der Aufnahme noch geblutet haben muss, wie eine das Nagelbett durchziehende Kruste und eine dünne Blutspur Richtung Daumenkuppe nahelegen. Sie wenden sich ab, Ihnen ist ein wenig schlecht und Sie kriegen diesen Daumen nicht aus dem Kopf. Wenn man empfindlich ist, ist man in allen Belangen empfindlich, da kommt einem immer was in die Quere, und das werden Sie schon noch merken, wie immer etwas kommt, womit nicht gerechnet werden kann und was nicht so leicht zu verkraften ist für Seelchen wie Sie, die eher zum Glück als zum Unglück taugen. Wobei sofort gesagt werden muss, dass grundsätzlich niemand zum Unglück taugt, dass dieser Sachverhalt jedoch, obwohl man das kaum glauben will, einfach nicht ausreichend Verbreitung und Anerkennung findet.

Hinter Ihnen sitzt ein Mann in Loden. Er ist knapp fünfzig und wirkt, als hätte er soeben einen Rundgang über sein enormes Grundstück absolviert, als sehe er auch hier nur nach dem Rechten. Ein Cheftyp. Sie sind übrigens, aber das ahnen Sie ja nun vielleicht auch schon, kein Cheftyp.

Der Raum ist eine gut präparierte Bühne, die die verschiedenen Arbeitsbereiche des Unternehmens vorstellt.

Am Ende des Raumes, dort, wo eine Verpackstation nachgestellt ist, müht sich ein älterer, dürrer Mann mit den Verpackungen ab. Unter den Augen des Prüfers, der hier alle überragt, einen keck hervorstehenden Bauch hat und einen leicht süffisanten Blick, den Blick eines nicht dazugehörenden Unterforderten, der diesen Blick jedoch ab und an auf der Stoppuhr in seiner Hand ruhen lässt, zieht der Testarbeiter Verpackung um Verpackung neben dem Packtisch hervor und überlegt, welche für eine DVD am besten wäre. Er breitet die verschiedenen vorgestanzten braunen Pappen und Umschläge vor sich aus, legt die DVD prüfend auf, wählt schließlich eine Kartonpappe aus. Er betrachtet die DVD in seinen Händen von allen Seiten, faltet einen Karton, der sich, vom Falten vieler Testarbeiter abgenutzt, bereits nahezu allein in Form gefaltet hat, falsch zusammen, so dass, kaum dass er die DVD in die Packung geschoben hat, die Pappe sofort wieder aufspringt. Sie erkennen, dieser Mann hat noch nie ein Produkt aus einem Kartonumschlag geschält und die Verpackung danach möglichst platzsparend zusammengefaltet, um sie zum Altpapier zu geben oder aufzubewahren für etwas, das er später selbst verschicken möchte. Sie würden dem Mann gern zeigen, wie er vorzugehen hat. Es wäre ja nichts, das wäre ein Klacks. Der Testarbeiter nimmt die DVD wieder heraus. Stop, ruft der Prüfer, stop, wiederholt er, als der Testarbeiter die DVD wieder in den Karton legt, die Zeit ist um. Der Prüfer nimmt die Verpackung und schüttelt sie. Soll das so klingen, fragt er. Soll man etwas klappern hören? Er wartet. Da keine Antwort kommt, lässt er die Frage unbeantwortet und schickt den Mann zur Biergartenbank, wo er warten soll, bis die Personalabteilung ihn aufruft. Der Prüfer macht sich Notizen. Der Testarbeiter sitzt stumm, Sie können nicht erkennen, ob er Hoffnungen hegt. Sie wüssten gern, was ihn trägt. Sie gehen immer davon aus, dass man etwas braucht, das einen trägt, dass man ein Ziel, einen Wunsch und klare Vorstellungen haben muss. Sie sind nicht so, dass Sie am Morgen aufstehen und einem Tag als etwas Ausgeglichenes, Unauffälliges anhängen, etwas, das der Tag am Abend problemlos in den Schlaf schiebt. Aber niemand ist so, wenngleich auch hier der Eindruck täuschen könnte.

Sie frieren auf der Bank und schwitzen zugleich. Die Zeit rast davon, bald müssen Sie Ihre Kinder abholen, aber noch wollen Sie nicht drängeln. Vor den zwei mit Büchern, CDs und DVDs gefüllten Regalen beginnt, wie zu Ihrer besseren Unterhaltung, die schönste und eleganteste Testarbeitsvorführung: Eine junge Frau hebt gelbe Kisten von einer Palette auf die daneben stehende leere. Sie krümmt den Rücken nicht, hält ihn gerade wie eine Dachlatte, sie verrichtet alle Arbeit mit Ruhe, folgt einer versierten Choreographie. Dieser Tanz, dieser Stapeltanz, der dann ein Kartonzähltanz wird und übergeht in einen Tanz zum Aufspüren diverser Produkte in den Beispielregalen, ist meisterhaft akkurat und endet glanzlos, lapidar. Sie erwarten eine Ansprache am Ende, einen Sprung, das Aufrollen eines Plakates, auf dem etwas Augenöffnendes stehen könnte, Sie erwarten schlichtweg *etwas*. Die Frau, die Tänzerin, steht auf dem Gang und isst einen Müsliriegel.

Als Sie aufgerufen werden, gehen Sie durch einen Strom warmer, von der Decke kommender Luft. Sie grüßen den Prüfer freundlich, das ist so Ihre Art, und es ist eigentlich nicht erwähnenswert, aber die Umstände machen es erwähnenswert und man könnte vorgreifend sagen: Wenn es Ihnen weniger wichtig wäre, freundlich zu grüßen und gegrüßt zu werden, würde Ihnen hier im Unternehmen einiges leichter fallen. Aber dermaßen linear wird es nicht zugehen, und es steckt ohnehin nur ein Fünkchen Wahrheit darin. Der Prüfer reicht Ihnen ein Blatt, das Sie sich durchlesen sollen. Darauf finden sich die Anleitungen zum richtigen, also rückenfreundlichen Heben und Abstellen der Kisten. Sie haben den Eindruck, es werde mehr Lese- als Testarbeitszeit gegeben. Ihnen ist zum Lachen zumute. Sie wollen den Zettel hochhalten und sagen: Im Ernst? Sie erwägen auch, den Vorschlag zu machen, schnell alle Rechtschreibfehler des kleinen Textes zu korrigieren. Aber Sie beginnen einfach mit der Testarbeit. Demonstrativ und deutlich heben Sie die Kisten der Regel entsprechend. Sie gehen tief in die Knie und stehen wieder auf, ohne den Rücken über Gebühr zu beugen. Neben Ihnen erhält der dünne, ältere Testarbeiter eine zweite Chance. Da können Sie kaum hinsehen, er stellt sich ungeschickt an. Sie wollen nicht besser sein als er und erst recht nicht schneller. Aber als wären Sie ein großer starker Kerl, der jeden hier aus dem Stand in die Luft werfen könnte, bewegen Sie im Vergleich zum Testarbeiter neben Ihnen die Kisten. Nachdem alle Kisten umgestapelt sind, gehen Sie mit dem Mann zur Rechnerstation. Sie sollen Angaben aus einer linken Tabellenspalte in die rechte übertragen. Links sind Fehler oder typographische Auffälligkeiten eingearbeitet worden, die nicht korrigiert werden, sondern genauso in der rechten Spalte erscheinen müssen. Später werden Sie sich fragen, warum Sie nicht einfach auf die Idee kamen, die Angaben von links nach rechts zu kopieren. Sie tippen alles sorgsam ab, geraten in Zeitnot, finden es am schwierigsten, an diesem normalhohen Schreibtisch ohne Stuhl gebeugt stehen zu müssen und werden darüber nervös.

Der Testarbeiter darf sich wieder setzen. Sie gehen weiter zur Packstation. Sie verpacken Sendungen, halten Produkte in der Hand, und das ist ein Spiel, das Sie kennen: Sie sind nämlich die Tochter einer ehemaligen Postamtsleiterin, die lange Kindheitsnachmittage oder Fiebertage halb spielend, halb mitarbeitend am Schreibtisch der Mutter oder zwischen den Regalen des Paketschalters verbrachte, Spielpakete einpackend, Spielpakete verstauend, echte Pakete aus dem Regal suchend und zur Ausgabe schleppend. Und Sie sind Kundin des Unternehmens, das Sie nun schon wieder auf der Biergartenbank warten lässt.

Wenn Sie diesen Job bekommen, wollen Sie Ihr an die Grenze seiner Dehnbarkeit geratenes Konto auffüllen und die Bank wechseln. Davon träumen Sie. Sie würden Ihre jetzige Bank verlassen, von der Sie den Eindruck haben, sie halte immer dann Geld zurück, wenn es ihr, der Bank, schlecht gehe.

Zugleich überkriecht Sie eine ätzende Sorge und teilt Ihnen mit, Sie werden, wenn man Sie hier und jetzt nicht nimmt, höchstens von jemandem angestellt, der noch weniger bezahlt. Wenn Sie jetzt nicht genommen werden, nimmt Sie vielleicht gar keiner. Sie werden sofort steinalt und hölzern und wie aus einem dunklen Bergwerk kriechend. Sie haben ganz vergessen, dass Sie ja grundsätzlich einen Beruf haben und nur hier sind, um die Misere des Moments zu lindern. Etwas in Ihnen ist ganz grundsätzlich beunruhigt und wird sich, obwohl

Sie diesen Job bekommen, nicht mehr beruhigen lassen. Sie sind spätestens von nun an aus dem Häuschen.

Zwei

Sie haben nun also einen Job. Das beruhigt Sie sehr. Sie rechnen wieder und wieder aus, wie viel Geld Sie als Saisonkraft verdienen werden. Sie stellen fest, der Betrag, den Sie erwarten können, entspricht in etwa dem Minus auf Ihrem Konto. Sie gehen deshalb davon aus, Ihr Konto alsbald auf Null setzen und dann die Bank wechseln zu können. Wirklich, Sie wollen weg von dieser Bank, das sagte ich ja schon, und ich will übrigens noch immer weg von dieser Bank, aber es ist mir noch nicht geglückt. Da bin ich wie Sie, was natürlich daran liegt, dass Sie hier – weitgehend zumindest und nur vorgestelltermaßen, Sie wissen schon – ich sind. Sie können nicht mit Geld umgehen, Sie denken oft an das, was Gertrude Stein schrieb, nämlich: „Jeder muß sich jetzt wirklich entscheiden. Ist Geld nun Geld oder ist Geld nicht Geld. [...] Jeder der jeden Tag davon lebt weiß daß Geld Geld ist aber die Leute die über Geld abstimmen, Präsidenten und der Kongreß, sehen Geld nicht so wenn sie darüber abstimmen. Ich erinnere mich noch [schreibt Gertrude Stein] wie mein Neffe als er ein kleiner Junge war irgendwo spazierenging und viele Pferde sah; er kam nach Hause und er sagte, oh Papa, ich habe gerade eine Million Pferde gesehen.

Eine Million, sagte sein Vater, naja, sagte mein Neffe, es waren drei. Das haben wir dann immer alle gesagt, wenn jemand Zahlen benutzte die er nicht zählen konnte naja eine Million oder drei. Das ist der springende Punkt. Wenn man Geld verdient und jeden Tag Geld ausgibt dann kennt man den Unterschied zwischen einer Million und drei. Wenn man aber über Geld abstimmt dann gibt es keinen richtigen Unterschied zwischen einer Million und drei. Und so muß sich jeder entscheiden ist für jeden Geld Geld oder nicht." Daran denken Sie, aber es hilft nicht viel. Fragte man Sie, was von Ihrem Geld alles bezahlt werden muss, blickten Sie wie in eine dunkle Tiefe. Ihr Geld ist dem oben erwähnten, von Kongressen und Präsidenten zu verwaltenden Geld sehr ähnlich, aber Sie versuchen mittlerweile genauer zu werden und aus den Zahlen auf Ihrem Bildschirm, die Ihnen die Vorgänge auf Ihrem Konto illustrieren, einzelne Geldstücke werden zu lassen. Das gelingt nur manchmal. Sie vergessen, was Geld ist. Vermutlich weiß auch das Geld selbst nicht mehr, was es eigentlich ist. Jedenfalls vergessen Sie in Ihrer Vorfreude alle Ausgaben, die Sie nun einmal monatlich haben, und stellen sich die zu erwartende Lohnzahlung wie ein Puzzleteil vor, ein geradezu findlinggroßes Puzzleteil, das genau in jene enorme Lücke auf Ihrem Konto passt, und dann wäre das Konto fertig, fix und fertig, und

Sie könnten es wie ein vollständig gepuzzeltes 1500-Teile-Puzzle betrachten. Vielleicht gefällt Ihnen das Motiv nicht so gut, aber Sie können sich ein neues Puzzle suchen, also ein Konto mit Geld, oder sich einfach mit anderen Dingen beschäftigen. Manchmal jedenfalls wollen Sie Rechnungen für Tätigkeiten schreiben, für die man keine Rechnungen schreibt. Manchmal wollen Sie einfach alles berechnen und kennen gar kein Ende. Darauf kommen wir zurück, denn das Ende der Arbeit, zum Beispiel Ihrer gleich täglichen Saisonarbeit, ist nicht so deutlich, wie es zu sein scheint, es ist, so wird es Ihnen vorkommen, wohl gar nicht vorhanden. Die Arbeit ändert nur ihren Aggregatzustand, wird von fest zu gasförmig und dringt deshalb nach dem eigentlichen Arbeitsende durch Ihre Nase in Sie ein und zirkuliert.

Sie sind jetzt also unterwegs zur Schulung bei Amazon und werden für die Teilnahme an der Schulung nicht bezahlt. Natürlich sollten Sie für die Teilnahme an der Schulung bezahlt werden. In Ihnen ist, während Sie sich dem Unternehmen nähern, ein kleines Gemecker zu vernehmen, aber es ist niemand im Unternehmen dafür da, sich von Ihnen oder Ihresgleichen anzuhören, dass eine Schulung bezahlt sein sollte, um dann zu sagen: Stimmt! Das haben wir einfach vergessen. Das ändern wir sofort.

Alles, was Sie von diesem Unternehmen wollen könnten, müssten Sie den Kunden des Unternehmens übermitteln und verständlich machen. Sie müssten die Kunden des Unternehmens für sich einnehmen, um die Schulung bezahlt zu bekommen, aber erreichen Sie die mal in der Kürze der Zeit.

Zudem würden sicherlich 75 Prozent der Kunden zu Ihrer Forderung, für die Schulung bezahlt zu werden, sagen: Wieso denn, ich hab meine Schulung auch nicht bezahlt bekommen.

Sie sitzen nun jedenfalls in einem abgedunkelten Schulungsraum in einer der hinteren von insgesamt sieben Reihen. Fast alle Stühle sind besetzt. Um Sie ein zusammengewürfelter Haufen dunkel gekleideter Menschen verschiedenen Alters, unter allen Stühlen liegen Tüten. In Ihrer Tüte, die Sie sofort auspacken, befinden sich eine orangene Warnweste, ein blauer Kugelschreiber, ein Eiskratzer für das Auto und dazu allgemeine Informationen auf bunten Blättern. Sie stopfen alles wieder in die Tüte, die Ihnen wie ein Abklatsch des Erstsemesterrucksacks vorkommt, den Sie zum Studienbeginn erhalten hatten: Darin eine Frisbeescheibe, Stifte, Kondome.
Sie warten, alle warten. Manche kennen sich, andere kommen einfach so miteinander ins Gespräch, die meisten starren vor sich hin, ziehen die Jacken

aus, wieder an, wieder aus. Sie halten das Vorhängeschloss für den Spind in der Hand. Sie sind bereit wie für einen Abflug, aber, wie gesagt, Sie warten, und Sie können nicht warten, vollkommen grundsätzlich nicht warten, Sie wollen schon wieder nach Hause oder irgendwo anders hin. Deshalb sage ich Ihnen: Sie werden zwar nicht für die Schulung bezahlt, aber Sie können ja versuchen, die Schulung als eine Art Stück zu sehen. Ein nicht besonders gut geschriebenes, da einfach von der Wirklichkeit abgekupfertes Stück, aber eben ein Stück und keine Schulung oder von mir aus ein Schulstück.

Das Stück also heißt Schulung, und es beginnt.
Ein sich ins Kompakte trainiert habender Mann tritt ein, sagt nichts und geht gleich wieder. Nach wenigen Sekunden kommt er zurück, lehnt sich an den zwischen Leinwand und Stuhlreihen stehenden Schreibtisch, verschränkt die Beine und die Arme. So steht er und blickt in die Runde. Er trägt gepflegte, sportliche Kleidung, vermutlich verströmt er Weichspülerduft, aber da können Sie sich auch täuschen. Eine Frau mit helllila Haarsträhnen betritt ebenso den Raum, stellt sich rechts vor die Zuschauer an die Wand und lächelt den Mann am Schreibtisch an. Sie ist recht dick und trägt ein ausgewaschenes schwarzes T-Shirt.
Der Mann klatscht in die Hände.

Fangen wir an, sagt er. Die Frau geht und schließt die Tür. Wer zu spät kommt, muss sich bei allen entschuldigen, sagt sie halb in Richtung der Zuschauer sprechend.
Der Mann hat seine Arme lose an der Seite hängen, vielleicht weil sie so muskulös sind, stören sie ihn nicht, er zeigt keine Nervosität, sucht keinen Ort für seine Hände.
Ich heiße Robert, sagt er. Er spricht mit einem leichten amerikanischen Akzent. Ich bin, sagt er, diplomierter Sportökonom und studiere Betriebswirtschaft an der Leipziger Universität. Derzeit mache ich ein Praktikum bei Amazon. Er macht einen kleinen Schritt nach vorn. Jetzt will ich aber erst einmal dich vorstellen, sagt er zur noch am Rand stehenden Frau. Das ist Sandy, sie ist ein alter Hase, wenn auch noch sehr jung. Wie alt bist du, Sandy? Dreißig, sagt Sandy. Sie arbeitet hier, setzt Robert fort, seit es das Versandlager gibt. Sandy arbeitet im Versand, das müsstet ihr sehen. Wenn sie arbeitet, fliegen ihre Arme unglaublich schnell. Fast sieht sie aus wie diese indische Gottheit mit den vielen Armen. Sandy lacht.
Robert setzt fort: Ihr merkt ja schon, wir duzen uns hier. Wir sind ein internationales Unternehmen, das aber, wie ihr alle wisst, seine Wurzeln in Amerika hat. Und der Amerikaner sagt nicht Sie, und so machen wir das auch. Wir duzen uns alle von unten nach oben, so ist das hier bei uns.

Was machen wir heute? Er blickt in die Runde und wartet keine Antwort ab. Richtig, eine Schulung, sagt er.
Wir haben viel vor.
Er klatscht wieder in die Hände.
Während er sich über den Rechner beugt, um die Präsentation zu starten, sagt er, er spiele übrigens semiprofessionell Rugby, habe auch schon in Amerika gespielt. Er nehme als Sportler alles sportlich. Er sagt: Wer sich nicht an die Regeln hält, muss Liegestütze machen. Amerika ist jedenfalls wunderbar, aber Leipzig ist auch wunderbar.
Er sagt: Wir bei Amazon denken: Jeder Tag ist ein erster Tag. Das müsst ihr euch merken. Das ist jetzt eine gute Gelegenheit, sich das zu merken und einzusteigen und aufzusteigen. Noch werden Stellen vergeben, noch ist das hier ein aufstrebendes Unternehmen, aber unter uns: Jeder weiß, dass nichts ewig wachsen kann. Hier ist zwar noch eine Menge Potenzial, aber irgendwann wird das vielleicht anders sein. Also nutzt eure Chance. Sie beginnt jetzt, und ihr habt schon vieles richtig gemacht, indem ihr hierher gekommen seid.

Im Raum wird gelacht. Robert schaltet den Beamer an. Die Amazon-Website ist zu sehen. Wie sieht die aus, fragt er. Keiner antwortet. Sie haben den Eindruck, die Frage gar nicht zu verstehen. Hallo, sagt Robert, ihr wisst doch, Liegestütze.

Also, wie sieht die aus? Wenn keiner was sagt, sitzen wir hier noch um Mitternacht, und ich weiß ja nicht, wie es euch geht, aber ich habe da was Anderes vor.
Jemand sagt leise: Schön ist die nicht.
Sagte da jemand, schön ist die nicht, fragt Robert.
Eine Frau kichert und hebt ihre Hand.
Robert zeigt auf die Projektion. Nichts, sagt er, soll ablenken und jeder soll alles gleich finden. Auch die Oma soll alles gleich finden. Und die Oma ist besonders wichtig, denn wenn die Oma Catsan nicht gleich findet, klappt sie den Rechner wieder zu, legt ein Deckchen drüber, stellt die Vase drauf und das war's. Weil wir aber, ich geb's ja zu, scharf auf das Geld von der Oma sind, ist die Seite so, dass auch die Oma alles versteht.
Robert stellt sich in die Mitte des Raumes, die Projektion der Startseite von Amazon liegt auf seinem Gesicht, erstreckt sich bis zur Mitte seines Bauches. Er verschränkt die Arme vor der Brust. Wie ist es denn sonst, fragt er und gibt die Antwort selbst: Die Oma, die Catsan kaufen möchte, geht zu Rossmann, schleppt das zehn Kilo schwere Paket nach Hause, braucht Hilfe, um es nach oben tragen zu können, aber die Studenten aus der WG im Erdgeschoss schlafen noch und können ihr nicht helfen. Was kann die Oma also machen? Sie bestellt bei uns, dann bringt ihr der junge, durchtrainierte

Postbote das Paket bis an die Wohnungstür, und alle sind froh.
Die Zuschauer lachen, Sandy am Rand lächelt. Wäre sie eine wirkliche Schauspielerin, müsste sie noch üben, so zu stehen, dass es nicht unbeholfen oder unbeschäftigt aussieht. Sie als ich sehen keinen durchtrainierten Postboten vor sich, sondern die alte Hermesbotin, die mit ihrem klapprigen Ford Escort jeden Tag bis 19 Uhr oder länger unterwegs ist, die in ihrem weiten Rock als Kräuterweib durchginge, das Rentenalter schon erreicht hat und allenfalls bis in den dritten Stock Treppen steigen kann.

Was glaubt ihr, fragt Robert, was war das größte Ding, das Amazon je verkauft hat?
Sandy zuckt mit den Schultern, ein Stück vom Mond, sagt sie. Fast, sagt Robert, das gab es noch nicht zu kaufen, das kommt aber auch noch. Dann pausiert er und sieht sich langsam im Raum um. Er blickt leicht über die Köpfe hinweg, aber es wirkt doch so, als taxiere er jeden einzeln.
Nein, sagt er, ihr braucht ja erst einmal einen Grundkurs. Er tritt beiseite und zeigt auf die Projektion der auf Tischböcken abgelegten Tür. Schon einmal gesehen, fragt Robert. Niemand reagiert, aber Sie haben die Tür natürlich schon gesehen, saßen der Tür ja beim Warten auf den Anfang des

Testarbeitens gegenüber und dachten, was das für ein schäbiges Ding sei. Sie melden sich nicht, Sie wollen sich nicht melden oder kriegen den Arm nicht hoch. Und natürlich sind Sie von aller Teilnahme freigestellt, denn Sie sind ja in einem Stück, und ich sage Ihnen auch, dass Sie in der Schulung nichts lernen werden, dass alles, was Sie hier lernen könnten, Ihnen in den zwei nächsten Tagen nochmals in der Versandhalle erklärt werden wird. Dann werden Sie Ihren sogenannten Co-Worker Norman an der Seite haben, muskulös wie Robert, und der wird Sie aus der Gruppe von fünf Kollegen am liebsten mögen. Er wird den Haargummi mit den zwei roten Kugeln als Blickpunkt haben und Sie *Mädchen mit den Kirschen* nennen. Sie werden nicht gleich wissen, was das bedeutet und dass Sie gemeint sind. Aber Sie werden wissen, dass Sie gemeint sind, wenn auf Ihre Frage, warum es nun so gemacht werden müsse, wie Norman es sagt und nicht so, wie es doch erstens in der Anweisung stehe und zweitens viel einfacher sei, zur Antwort kommt, dass Sie ohne Ihre dicke Brille viel besser aussehen würden – und mehr nicht.

Also, genießen Sie die Schulung weiterhin und gehen Sie davon aus, dass Sie so unangesprochen und unkommentiert nicht durch die Arbeitstage kommen werden. Sie sind, das lässt sich vorgreifend und ergänzend sagen, eben ein Listenelement mit Brüsten, Zopf und Brille.

Während Sie nachgedacht haben, wie es so um Ihre Mitarbeit an dieser Schulung bestellt ist, und durchaus die Lust verspüren, der Langeweile und dem Genervtsein von Roberts Sprüchen und seiner Haltung durch eine plötzliche aktive und vor allem unstoppbare Mitarbeit zu begegnen, diese Veranstaltung an sich zu reißen und dann sofort zu beenden, erklärt Robert, dass die Tür, der Türentisch, daran erinnere, dass der Kunde König ist. Denn, sagt Robert, Jeff Bezos dachte sich nämlich: Ist es dem Kunden wichtig, dass ich einen Mahagonitisch habe oder dass er das, was er kaufen will, zu einem guten Preis bekommt? Will der Kunde, dass wir hier auf bequemen Sofas sitzen? Will der Kunde uns schicke Büros bezahlen? Genau. Der Kunde will seine Ware.

Sie würden hier übrigens gern widersprechen und sagen: Ich, die ich auch Kundin des Unternehmens bin, würde mich freuen, wenn ich hier bequemer sitzen könnte. Und ich denke, das Unternehmen könnte es sich leisten, uns bequemere Stühle zur Verfügung zu stellen, ohne dass dadurch für den Kunden höhere Preise entstünden.
Sie sagen das jedoch nicht, weil Sie ja ich sind und folglich schüchtern; Sie kriegen den Mund nicht auf.

Robert tritt beiseite und überlässt Sandy das Feld.

Sandy sagt: Jetzt wisst ihr, was der Kunde will. Und was will Amazon, fragt sie. Niemand antwortet. Liegestütze, ruft Robert von der Seite. Es wird gelacht.

Amazon will, dass seine Mitarbeiter nicht nur gesund sind, wenn sie hier arbeiten, sondern auch noch gesund, wenn sie das Unternehmen verlassen, erklärt Sandy.

Na los, sagt sie, jetzt bewegen wir uns. Alle erheben sich, verlassen den Raum, der abgeschlossen wird. Sie stehen da wie in einer Kindergruppe, aber die Kinder sind scheinbar plötzlich erwachsen geworden. Allesamt ungelenk und orientierungslos. Sandy drängt durch die Gruppe, geht den kurzen Weg in den Ihnen schon bekannten Testarbeitsraum voran. Dort sollen Sie und die anderen Schulungsteilnehmer die Schautafeln mit den Sicherheitsregeln studieren. Das müsst ihr alles wissen, sagt Sandy. Sie versuchen, alles auswendig zu lernen, aber Ihr Kopf schweift ab. Sie betrachten das Papier der Aushänge und versuchen erfolglos, das Gespräch von Sandy und Robert zu belauschen. Nach zehn Minuten führt Sandy zurück in den Schulungsraum und wartet, dass alle sitzen und zur Ruhe kommen. Auf der Leinwand hinter ihr sind die Regeln zu lesen.

Sandy kann sie auswendig und sagt sie auf.
Nicht die vorgezeichneten Wege verlassen.
Die Fahrbahnen nur an den markierten Stellen kreuzen.
Feste Schuhe tragen.
Nicht rennen, nicht laufen, nur gehen.
Keine weite Kleidung.
An heißen Tagen dürfen Hosen, die bis zum Knie gehen, getragen werden. Für die Frauen, wirft Robert ein, gilt: Bitte nichts tragen, was die Männer so aufregt, dass ihnen alles aus den Händen fällt.
Handlauf benutzen.
Wer nicht den Handlauf benutzt, muss Liegestütze machen, sagt Robert. Ihr lacht noch, sagt er. Als ich Landestrainer war, mussten alle Liegestütze machen. In Bad Hersfeld, sagt Sandy, hat es einer geschafft, auf der Treppe zu stolpern, sich die Stirn aufzuschlagen. Der hatte den Handlauf nicht benutzt. Wir sagen das ja nicht zum Spaß.
Nicht in die Fördertechnik greifen.
Zu sehen ist das Foto einer blutenden Hand. Das sieht nicht gut aus, sagt Sandy, ohne sich zur Leinwand umzudrehen. Das ist die Hand eines Mitarbeiters. Er arbeitete am Band. Als das Band stehen blieb, griff er hinein, um das verrutschte Band zu richten. Das Band lief wieder los. Da war das Geschrei groß. Dieser Unfall hätte vermieden werden können. Die meisten Unfälle können vermieden werden.
Nicht auf die Paletten treten.

Beim Umgang mit dem Schnittmesser immer schnittfeste Handschuhe tragen.
Richtiges Heben.
Wer nicht richtig hebt, schadet nicht nur sich. Krankheitstage schaden Amazon.
Sandy wiederholt: Wir sagen das alles nicht zum Spaß.
Robert tritt zu Sandy, sie sehen aus wie ein altes Moderatorenpaar, das sich mit herzlichen Worten von seinem Publikum verabschieden möchte. Jemandes Handy klingelt. Guter Tipp, sagt Robert: Kein Handy mit in die Halle, keine Kamera oder so. Wer das mit reinnimmt, muss es beim Rausgehen abgeben. Die SIM-Karte wird rausgenommen, dann wird das Handy zerstört. Und zur Strafe, fragt Robert. Liegestütze, antwortet ein Mann aus der ersten Reihe.
Alles Gute bei Amazon, sagt Sandy. Denkt dran, sagt Robert, hier haben alle schon überall gearbeitet. Auch der große Chef hat schon gemacht, was ihr ab morgen machen werdet. Hier weiß jeder über alles Bescheid, anders wird das nichts, versteht ihr.

So endet das kleine Stück, das kein Stück war, und geht über in die Pause, an die sich der erste Besuch der Halle anschließen wird.

Sie beißen in Ihre mitgebrachte Stulle und gehen zwischen Schulungsraum und Eingangsbereich auf und ab. Genau genommen ist alles hier öde und von gestern und banal, und das scheint die beste Verkleidung für eine Geschäftsidee zu sein, um sich gewaltig und ausufernd in Richtung Zukunft zu werfen.

Sie werden von Robert in den Umkleideraum geführt, dort müssen Sie sich wie alle einen Spind aussuchen, Ihre Tasche und Jacke verstauen und das mitgebrachte Schloss am Spind anbringen. Sie tragen nun die orangene Warnweste, die viel zu leicht wirkt, um so zu leuchten. Sie rutscht Ihnen, egal wie sehr Sie am Verschluss ziehen, immer wieder von den Schultern.

Gleich betreten Sie die Versandhalle, vor Ihnen, hinter Ihnen Mitarbeiter, die ebenso Warnwesten tragen. Das ist eine Art Wandertag, ein Ausflug in fremde Gefilde, aber es ist ein Wandertag, der sich über einige Wochen erstrecken wird, und natürlich werden Sie vergessen, dass es ein Wandertag ist, Sie werden eben mit Schnaufen und dergleichen beschäftigt sein. Aber vorerst wandern Sie, froh, dass nun endlich Bewegung ins Spiel kommt. Sie wandern durch die Sicherheitsschleuse, begutachtet von den Wachmännern. Sie halten den Schlüssel für das Spindschloss in der Hand, aber nichts piept an der Schleuse. Sie stehen auf einer Metalltreppe, eine spröde Galerie über den Köpfen aller.

Unter Ihnen der fast beschauliche Anblick von Geschäftigkeit. Von oben sieht man eine erstaunliche Ordnung und Struktur oder, wenn man möchte, die Abweichungen von dieser Ordnung und Struktur. Schief stehende Paletten, umgefallene Trinkflaschen, aus den Altpapierkartons gefallene Pappen, überquellende Foliencontainer.

Sie folgen dem Rücken des Vordermanns, gehen wie an einer unsichtbaren Schnur befestigt die Treppe hinunter, an den Arbeitern vorbei in den Warenlagerbereich. Sie setzen automatische Schritte und sehen sich um. Da ist ein Warenmischmasch in den riesigen Regalen, deren obere Ebenen nur mittels Gabelstapler zu erreichen sind. Hier ruhen die Waren; die Waren scheinen wirklich zu schlafen und eigentlich unverkäuflich zu sein und dort, in ihren Winkeln und Fächern, in ihren Zufallsnachbarschaften ein Ende erreicht zu haben. Sie sehen ein eingestaubtes Warenmuseum, das Ihnen gefällt. Die Dinge in den Regalen, um die herum Stille herrscht, weil niemand unterwegs ist, um sie zu holen und zum Kunden zu schicken, strahlen Ernst aus und sind etwas wie die Tupfen eines Gemäldes, das nichts Bedrohliches hat, nichts Maschinelles. Die Produkte wirken wie mittlerweile pensionierte Arbeiter dieses Weltunternehmens. So recht verstehen Sie nicht, dass aus diesen Dingen links und rechts und aus Büchern und aus Datenträgern und einem Programm und einer Website ein Vermögen hatte werden können, ein nach wie vor wachsendes Vermögen. Sie verstehen auch nicht, dass dieses Vermögen nicht zurückwirken darf in die Halle hinein, um ein wenig Komfort zu bringen oder Glanz. Es ist nicht nur so, dass Sie kein Verständnis dafür haben, dass das Vermögen geradewegs in seinem Fließen in Richtung der Mitarbeiter gehindert wird, sondern Sie verstehen es nicht, und natürlich ist es nicht verständlich.

Sie erhalten nun Arbeitsschuhe, es gibt zwei verschiedene Sorten, eine hat blaue Markierungen, die andere orangene, alle haben recht große Luftlöcher. Sie probieren die Schuhe an wie Fundstücke, wie Schuhe, die Sie in irgendeinem Kleiderspendenhaufen gefunden haben. Sie denken vielleicht, was ich damals dachte, nämlich an New York, an Coney Island, wo ich unter einer Brücke am Strand Schuhe entdeckt hatte, unglaublich viele Schuhe. Ich hatte mir nicht vorstellen können, wo dieser Schuhberg hergekommen sein könnte, warum er überhaupt da war. Ich hatte sehr lange davor gestanden, hatte nicht einen Schuh berührt, wenngleich sehr schöne, unversehrt wirkende Schuhe dabei gewesen waren. Erst abends im Hotelzimmer war mir aufgefallen, dass der Schuhberg nur aus linken Schuhen bestanden hatte.

Sie jedenfalls schlüpfen nun in die Arbeitsschuhe, die sind geräumig und steif, aber Sie werden sie schon einlaufen und nicht mehr wie jetzt über die Verkleidung lachen. Sandy treibt an, da falten alle ihre Schuhkartons klein, werfen sie in den Altpapierbehälter und marschieren Sandy hinterher. Die orangene Mitarbeiterraupe mit den wabernden Rändern kriecht irgendwie fröhlich aus der Halle, stellt sich an der Schleuse an und entledigt sich ihrer Farbe in den Feierabend hinein.

Sie sind jetzt also Saisonkraft mit Spind bei Amazon und gleich zu Hause. Vor dem Drogeriemarkt in der Innenstadt tritt ein Reporter mit Mikrofon auf Sie zu. Sie bleiben stehen, weil Sie nicht ausweichen können und das Mikrofon fast Ihre Nase berührt. Guten Tag, sagt der Reporter. Sie stehen starr und hören auf seine Stimme, die geschulte Reporterstimme, die keines Körpers zu bedürfen scheint, die zu perfekt ist, um aus einem Menschen und nicht gleich und ausschließlich aus einem Radio zu kommen, die Ihnen sagt: Demnächst wiederholt sich der Guinnesstag der Rekorde. Aha, sagen Sie. Ist Ihnen das bekannt, fragt die Stimme. Nein, sagen Sie und wollen weiter, aber von vorn kommen Reisende mit Koffer, von hinten schiebt sich eine Schülergruppe vorbei. Welchen Rekord hätten Sie denn gern inne, fragt der Reporter. Keinen, sagen Sie, ich will wirklich keinen Rekord innehaben. Sie haben keine Ahnung, warum man auch nur irgendeinen Rekord innehaben sollte. Das ist eine Frage für Kinder, und das sagen Sie dem Reporter auch, er soll sich doch der Schülergruppe an die Fersen heften, aber natürlich, bei genauerer Betrachtung kann man dann doch erkennen: Sie wären gern die reichste Frau der Stadt. Oder wenigstens die reichste Frau des Viertels.

Sie sind übrigens die Tochter von Lottospielern, sind vertraut mit der Hoffnung auf Geld, mit der Erwartung von Geld. Es wird bald eintreffen, und es kommt von irgendwo, daran glauben Sie und widersprechen diesem Glauben zugleich unablässig, versuchen, ihn sich auszureden. Aber etwas in Ihnen glaubt unerschütterlich daran, dass eines Tages ein riesiger Batzen Geld zu Ihnen kommen, jedes bedingungslose Grundeinkommen um ein Vielfaches übersteigen und in keinen Zusammenhang mit irgendeiner von Ihnen geleisteten Arbeit zu bringen sein wird. Etwas in Ihnen träumt Träume von der Stange, da müssen Sie demnächst mal genauer hinschauen und zum Beispiel bei Bloch nachlesen. Das können wir ja tun.

Drei

Sie sind mittags noch zu Hause, denn Sie haben Spätschicht. Niemand ist in der Wohnung. Sie vermissen Ihren Schreibtisch jetzt schon, obwohl Sie direkt neben ihm stehen. Sie gehen ins Schlafzimmer, hängen Socken auf den Wäscheständer. Sie sind langsam, stehen wie in einem Land, das nur aus sich dehnender und selbst bespielender Zeit besteht. Sie wirken, als wären Sie bereit, sich rückwärts in der Zeit zu bewegen – aber wohin wollen Sie: Da fällt Ihnen auf Anhieb nichts ein. Sie trudeln in der Vergangenheit herum, die weder Ihre noch meine ist, sind unterwegs in einer Zeit, die wirklich Zeit ist, das ist ein Schatzkästlein für die Überstunden der Ruhe und des Glücks, wirklich, Sie stehen in einer Art Poesie herum. Ihnen gelingt etwas, was Ihnen sonst vor lauter Zerstreutheit so gut wie nie gelingt. Jetzt, da Sie gleich losgehen müssen, haben Sie den Eindruck, sich aus einem milden Sommertag in einen Schneesturm begeben zu müssen.

Übertreiben Sie?
Einerseits: ja.
Andererseits: nein.
Sie übertreiben kein bisschen. Sie haben Recht.

Ich denke an einen Job, den ich einmal hatte, aber kaum einer dieser Jobs ist der Erinnerung wert, und bevor ich mich weiter erinnere, denke ich lieber an Monika Marons Buch *Stille Zeile sechs* und die Frage der Hauptfigur Rosa, ob sie sich nun für das Denken bezahlen lassen soll oder nicht, und ihre Antwort, dass sie nicht gegen Bezahlung denken möchte, was allerdings nicht funktioniert, oder besser gesagt: Sie bekommt einen Job, bei dem sie nicht denken muss, es wird auch nicht von ihr verlangt, aber sie denkt trotzdem, wenn auch anders als zuvor.

Sie jedenfalls sitzen in der Straßenbahn und sind gleich da. Die Straßenbahn fährt am Erotik-Center vorbei. Dessen Fassade ist bunt beleuchtet, an der Seite ist überlebensgroß eine dralle, gemütlich und zuversichtlich wirkende nackte Frau aufgemalt. Die ist, merken Sie sofort, Ihre Freundin. Ihre große Vertraute schweigt vor sich hin, aber ansprechbar wäre sie, das würden Sie fast schwören.

Sie stehen vor der Lagerhalle, sind früh dran, Sie drehen sich um und unternehmen einen kleinen Spaziergang. Sie tun so, als wäre es möglich, in dieser Gegend einen Spaziergang zu unternehmen. Sie landen im Praktiker Baumarkt, setzen sich in dessen Bäckereicafé und denken kurz an alles mögliche, das schon war, oder woran auch immer.

Dann erheben Sie sich, stürzen den Kaffee hinunter, verbrennen sich Zunge und Hals.

Sie sind, bis ich es mir anders überlege, couragiert und stark, und ich bin, bis ich mir das anders überlege, das Gegenteil von Ihnen. Ich ging nicht forsch auf das Hallentor zu, ich zauderte da noch eine Weile herum, aber Sie, Sie gehen, denn Ihnen kann nichts widerfahren. Ihnen widerfährt grundsätzlich nichts. Falls das nicht stimmen sollte, falls das zu kühn formuliert sein sollte, sage ich es eben so: Hier passiert Ihnen nichts, heute bestimmt nicht; weiter kann ich nicht blicken.

Sie sehen jetzt ein wenig anders aus. Sie tragen die klobigen Arbeitsschuhe, Sie schauen die Schuhe von oben an, drehen den Fuß, betrachten die Sohle. Sie fädeln den Spindschlüssel auf ein Band und hängen ihn sich um den Hals. Die Warnweste tragen Sie in der Hand, ziehen sie noch nicht gleich an. Das ist Ihr Zeichen der Nichtzugehörigkeit, ein kleiner Luxus, der niemanden interessiert und für den Sie bald keine Zeit mehr haben werden.

Sie durchqueren die Schlange der auf den Schichtbeginn und den Einlass wartenden Mitarbeiter, um in der Kantine darauf zu warten, dass man Sie zu diesem ersten Arbeitstag abholt. Sie setzen sich zu anderen, die neu sind wie Sie. Draußen auf dem Gang ruft die Wachfrau, man dürfe sich erst ab 14.15 Uhr direkt an der Schleuse einfinden. Bis dahin habe jeder im Gang zwischen Kantine und Umkleideräumen zu warten. Sie ruft: Wie oft soll ich es denn noch sagen!

Man wird hier übrigens mit Ihnen reden wie ich manchmal mit meinen Kindern, also ungefähr so:
Aufstehen!
Seid leise!
Anziehen!
Esst!
Hinlegen!
Augen zu!
Schlaft!
Jetzt hört aber mal auf!

Da sitzen Sie also und haben Kollegen.
Stefanie, eine Einzelhandelskauffrau aus Grimma, die bald eine Ausbildung als Zugbegleiterin bei der Deutschen Bahn AG machen will, die sagt: Ich habe schon Langweiligeres als die Schulung gestern erlebt.
Grit sagt: Ich werde keine Liegestütze machen. Ich bin selber Ausbilderin, aber solche Methoden wende ich nicht an. Ich bin für harte Worte, aber nicht für dumme Strafen. Sie hat eine klare, strenge Stimme. Sie trägt ihr Haar straff zu einem Zopf gebunden und hat den Pony zu einem Bogen frisiert,

der über ihrer linken Braue seinen höchsten Punkt hat und zum rechten Ohr hin ausläuft.

Stefanie sieht auf die Uhr und sagt, nun kann es aber mal losgehen, jetzt wundert es mich nicht, dass meine Bestellung zu spät bei mir ankam, die scheinen es ja mit der Pünktlichkeit nicht so genau zu nehmen. Grit sagt, in meinem Lokal muss niemand so lange warten. Sie meint damit das Restaurant unter dem Rathaus in Torgau, das gerade, so sagt sie, von gutbürgerlicher Küche auf Steakbetrieb umgestellt werde und während des Umbaus geschlossen habe.

Hans-Peter, um die sechzig Jahre, mit großer Ähnlichkeit zu einem DDR-Schauspieler, dessen Name Ihnen nicht einfällt, lacht verärgert auf, sagt: Und die nehmen dich dann wieder, oder was.
Ja, sagt Grit, mein Chef ruft alle paar Tage bei mir an und sagt, dass es Zeit wird, dass es bald wieder losgeht, ich soll bloß nicht einrosten.
Zum Einrosten, sagt Hans-Peter, wird gar keine Zeit sein, die werden uns eh nicht lange behalten.
Sie fragen ihn, wie lange er eigentlich bleiben will.
Wenigstens bis zum Frühling, sagt Hans-Peter, dann gibt es auch wieder in Halle Arbeit. Er trägt einen alten ausgewaschenen Blaumann; nichts in dieser Kantine ist so alt wie dieser Blaumann.

Florian kommt eilig in die Kantine, zu spät, und immer wird er zu spät sein. Seid ihr hier für die Einarbeitung, fragt er. Hans-Peter nickt. Florian setzt sich, streckt die Beine unter dem Tisch aus, um sie sofort wieder anzuziehen und aufzustehen, zu den Umkleideräumen zu eilen, um sich umzuziehen, he, ruft er im Gehen, ich bin gleich wieder da.
Hans-Peter sagt: Den werden sie jedenfalls nicht übernehmen.

Mit einiger Verspätung kommt Norman, grüßt und winkt knapp, um Sie und Ihre Kollegen zum Aufstehen zu bewegen. Sie gehen ihm hinterher, zuerst als loser Haufen, an der Schleuse werden Sie zu einer wohl sortierten Reihe. Während er geht, grüßt er hierhin, dorthin, er hat einen gemütlichen Schritt, nie werden Sie ihn eilen sehen. Am Leadplatz sitzen die ersten Vorgesetzten. Dort lässt er Sie und die Kollegen warten, also stehen Sie, zupfen an der Warnweste herum und lächeln nicht nett, denn so sind Sie nicht, das wäre eher ich, die ins Unbekannte hinein fast entschuldigend lächeln würde.
So wie Ihre neuen Kollegen bekommen Sie eine Kiste in die Hand gedrückt, darin: Cutter, schnittfeste Handschuhe, Fischmesser, Edding, Gummis, Post-its, Bleistift, Putztuch. Mit dem Edding soll

jeder seinen Namen auf die Kiste schreiben und die Kiste dann ins Regal stellen. Dort steht Ihre Kiste neben anderen. Sie betrachten Ihre Kiste mit der krakeligen Beschriftung, denken an Übernachtungsschließfächer und Miniwohnkabinen. Die Kiste ist ein kleiner Ort.

Sie ziehen weiter Norman hinterher, der führt durch die Halle. Zwei Hubwagenfahrer begleiten Ihre Gruppe, verschwinden zwischen den Regalen, tauchen am Ende eines Ganges wieder auf, parken den Weg zu, scherzen mit Norman, der schickt sie weg: Habt ihr nichts zu tun?
Nichts los heute, sagt einer. Ich habe aber noch viel zu tun, sagt Norman.
Sie sehen zu, wie die Arbeitszeit verrinnt, aber Sie registrieren auch mit Interesse, dass Arbeitszeit bei Amazon einfach verrinnen darf, dass nicht gleich an irgendeiner Stelle des Unternehmens ein Lämpchen zu leuchten beginnt, um der Aufsicht habenden Person Arbeitszeitverschwendung zu signalisieren und sofortige Gegenmaßnahmen anzuordnen. Das also merken Sie sich: Zwischen den Regalen, in den leeren Hallen, abseits der Lead-Plätze, abseits auch des Glascontainers, den sie bald demolieren möchten, in dem die wichtigeren Chefs und Planer sitzen, darf Arbeitszeit verrinnen, dort kann man langsam sein.

Aber nicht, dass sich jetzt schon Tempo breitmachte. Noch ist alles ruhig. Sie sitzen in einem kleinen Schulungsraum, der sich in einem Metallcontainer, der als erste Etage auf einem anderen Metallcontainer steht, befindet. Eine karge Einrichtung, alle sitzen um einen Tisch, an der Tafel sind noch Schriftreste zu lesen.
Norman spreizt seine Hände, so dass die Gelenke knacken, legt laminierte Kärtchen wie ein Spielleiter auf den Tisch. Die Gruppe soll im Uhrzeigersinn Kärtchen ziehen, das darauf gezeigte Piktogramm erklären, das Kärtchen dann wieder ablegen.
Grit hält ein Kärtchen mit einem Pfeil in der Hand. Sie zuckt mit den Schultern.
Aber das ist doch eine Frauenfrage, sagt Norman, das sieht man doch immer auf Möbelkisten. Grit schweigt. Das weiß ja sogar ich, sagt Hans-Peter. Der Pfeil zeigt, wo oben ist, sagt Norman genervt. Das musst du doch wissen. Ihr Frauen geht doch so gern zu IKEA.
Sie beißen sich auf die Zunge, um ihm nicht zu widersprechen. Oder nein, es ist natürlich anders. Sie sind ja couragiert und mutig, also machen Sie den Mund auf und sagen: Könnten Sie das bitte umformulieren. Ich mag es nicht, wenn Sätze mit *Ihr Frauen* beginnen, weil sich in derlei Sätzen zumeist grob verallgemeinernde, beschränkende Zuschreibungen verbergen oder gar nicht verbergen, sondern sehr offen und klar zeigen. Ich schlage des-

halb vor, den Satz folgendermaßen zu verwenden: Dieses Piktogramm kann man auf Verpackungen sehen, beispielsweise auf Kartons mit Möbelteilen, wie man sie auch bei IKEA kaufen kann.

Ja, würde Norman sagen, Frau Wissenschaftlerin, wir können das ja hier auch alles noch ein bisschen vornehm machen.
Oder: Wir duzen uns doch hier.
Oder, und am wahrscheinlichsten: Nun sei doch nicht gleich beleidigt.

Ich an Ihrer Stelle habe nichts gesagt, habe nur gedacht, dass Zeit- und Weltgeschichte zu oft vor allem eines ist: Eine Ansammlung von Momenten, die als unpassende eingeschätzt wurden; unpassend, etwas anzusprechen, zu erklären, zu erkämpfen, auszutragen. Immerzu beißt sich irgendwer auf die Zunge.

Sie brauchen Frischluft, Sie sagen, Sie müssten kurz zur Toilette. Sie gehen herum, gehen spazieren, das erlauben Sie sich. Weiter vorn, unterhalb der Schleuse, ist es laut in der Halle, aber über dem Lärm ist Ruhe, dort könnte man denken, aber vielleicht stimmt das auch nicht.
Sie gehen zurück, Norman fragt, ob Sie zwischenzeitlich in Ohnmacht gefallen seien. Florian fehlt. Der ist doch auf Droge, sagt Grit, der spritzt sich was.

Wie zappelig der ist, sagt Stefanie. Sag ich doch, sagt Hans-Peter, der ist schneller weg, als wir gucken können. Sie wundern sich, das war Ihnen alles noch gar nicht aufgefallen. Norman packt die Kärtchen ein, liest Belehrungen vor und lässt dafür unterschreiben, dass Sie all die Belehrungen gehört haben. Sie sitzen und warten. Und sonst, sagt Norman. Das schafft ihr schon. Wird hier alles nicht so heiß gegessen, vielleicht werdet ihr ja übernommen. Gut, sagt er, Mittagspause.

Alle Mitarbeiter, so wirkt es, drängen auf einmal zum Ausgang. Sie landen in einem Wust, in dem es unmöglich ist, nicht berührt zu werden. Alle legen es darauf an, sich möglichst dicht an die Kollegen zu drängen, als könnten sie durch die Kollegen hindurch, um schneller die Schleuse zu passieren. Kurz vor den Detektoren wird die Schlange wieder schneller, entzerrt sich, die Halle spuckt die Mitarbeiter in die Pause wie eine Ballmaschine Bälle ausspuckt. Sie starren also nach oben, warten im Gehen auf das grüne Licht, das signalisiert, dass die Schleuse passiert werden darf. Die alten Hasen hingegen gehen schon, wenn das Licht noch rot ist. Wenngleich es keine Regel gibt, schnellstmöglich in die Pause zu gehen, tun es alle.

Sie essen und bald werden Sie Ihr Essen hinunterschlingen. Ein paar Tische weiter liest ein Mann.

Sie wüssten gern, was er da liest, aber können es nicht erkennen. Sie wollen immer wissen, was irgendwer liest. Sie wollen immer Bücher haben. Vielleicht wollen Sie sogar alle Bücher haben.

Sie gehen zurück in die Halle, achten darauf, erhobenen Hauptes an der Wachfrau vorbeizugehen, was diese gar nicht mitbekommt, weil sie durch Sie, wie durch alle, die vorschriftsmäßig Arbeitsschuhe und Warnweste tragen, hindurchsieht. Auf der Tafel kurz vor der Treppe nach unten in die Halle ist der Stand der zu erwarteten Prämienzahlung notiert: voraussichtlich drei Prozent Prämie.

In der Nähe Ihres Kistchens mit den Arbeitsutensilien warten Sie auf Norman und die Kollegen und sehen sich um, aber noch bevor die Kollegen und der Co-Worker kommen, gebe ich Ihnen frei, denn warum sollte ich Ihnen nicht frei geben, ich gebe Ihnen gern frei, und ich gebe hiermit allen frei, die gern frei hätten.

In dem Moment, in dem ich Ihnen frei gebe, wird aber auch die Schicht mangels zu erledigender Arbeit abgebrochen, und so kommen Sie wieder nicht allein aus der Halle. Das tut mir leid. Sie werden von den Kollegen die Treppen hinauf gedrängt und geschoben. Sie werden auch bald so schnell gehen und drängeln und schubsen, werden

Verfahren entwickeln, um zu heftig drängelnden Kollegen den Weg zu versperren oder sie im Vorbeigehen zu stoßen.

Sie ziehen die Arbeitsschuhe aus, da werden Ihre Füße wieder leicht. Sie freuen sich, früher gehen zu können, Sie denken, so könnte es bleiben. Und natürlich haben Sie auch damit Recht.
An der Straßenbahnhaltestelle kneift Sie ein kalter Ostwind ins Gesicht. Sie drehen ihm den Rücken zu.

Während Sie mit der Straßenbahn zurück in die Stadt fahren und später eine kleine Weile von draußen das in einem Hotelfoyer auf einem Flachbildschirm lodernde Kaminfeuer betrachten, telefoniere ich mit einer Freundin.

Es nervt, sagt die Freundin, ich weiß jetzt auch nicht weiter. Liegt es an mir oder an der Arbeit oder an den Kollegen? Wirklich, sagt die Freundin am Telefon, die Lernkurve geht stetig nach unten, es ist einfach langweilig und dabei viel zu anstrengend. Und niemand versteht, dass ich nicht daran interessiert bin, mehr zu arbeiten, um auch mehr Geld zu verdienen, dass ich dieses Angebot, dauerhaft mehr zu arbeiten, wirklich nicht als Kompliment verstehe, sondern als Zumutung.

Eine andere Freundin sagt, eigentlich habe sie jetzt wirklich keine Lust mehr zu arbeiten, sie habe einfach keine Lust, nicht ein Fitzelchen Lust, und wenn sie das Geld nicht bräuchte, dann würde sie nicht arbeiten, nicht in diesem Job, oder sie würde den Job komplett umgestalten und die Kollegen austauschen, würde mit Leuten arbeiten, die mögen, was sie tun. Dann würde sie gern wieder arbeiten.

Noch sind Sie nicht so weit, noch können Sie sachlich sein und Unterschiede machen, aber schon in wenigen Wochen werden Sie sagen: Aber darum geht es doch nicht. Spaß und Freude, darum geht es doch nicht. Das habe ich doch auch nicht.
Sie reden dann nicht mehr so, wie Sie normalerweise reden. Sie reden dann in einer Arbeitnehmersprache vor sich hin.

Vier

Ich lese einen Aufsatz von Claudia Friedrich Seidel, der mit einem Bekenntnis beginnt: „Ja“, schreibt sie, „auch ich kaufe meine Bücher bei Amazon.com.“
Ja, sage ich, auch ich kaufe meine Bücher bei Amazon. Ich kaufe jene Bücher dort, die ich woanders nicht bekomme. Bücher oder andere Dinge, die ich auch woanders bekommen kann, kaufe ich nicht bei Amazon, auch nicht dann, wenn sie dort billiger sind oder schneller geliefert werden können.
Tage zuvor habe ich meiner Mutter am Küchentisch viel zu vehement vorgebetet, dass man, was man kaufen wolle, doch nicht zwingend dort kaufen müsse, wo es am billigsten sei. Ich sagte, es gibt doch keinen Befehl und kein Gesetz, dass du das billigste Angebot wählen musst. Meine Mutter sah mich an, als prüfe sie, ob ich das erstens ernst meine und ob ich zweitens vielleicht eine reiche Frau geworden sei, die es sich leisten könne, dergleichen zu sagen.

Ich denke an eine Kollegin, die alles, was sie vor dem Kauf lieber anprobiert, in den Geschäften der Innenstadt anprobiert und später zuhause bei irgendwelchen Onlinehändlern bestellt, die nichts

mit den Geschäften der Innenstadt zu tun haben. Sie sagt über die Geschäfte: Ich schenke denen doch nichts.
Sie sagt das ernst und etwas trotzig. Sie könnte auch sagen: Ich lasse mich von denen doch nicht über den Tisch ziehen, und zieht es also vor, dort einzukaufen, wo dem Kunden keine Verkaufstische gezeigt werden, und der Tisch, über den der Kunde gezogen oder gelockt oder schlichtweg kontaktiert wird, der kundeneigene Schreib- oder Küchen- oder Notebooktisch ist, falls der Kunde den Rechner nicht einfach auf dem Schoß oder das Tablet in der Hand hat.

Mein Freund jedenfalls hat Post von Amazon. Zwei Kinder tragen das Paket durch die Wohnung und verstehen wie ich nicht, warum das Paket nicht gleich ausgepackt wird. Mein Freund rettet sein Paket und sagt schließlich, was drin ist: Hosen. Der große Sohn mault und will auch was, der kleine schleppt weiter das Paket herum, das fast so groß ist wie er. Zwei Hosen, sagt mein Freund und jede war dreißig Euro billiger als im Geschäft. Jede, frage ich. Jede, sagt er. Mist, sage ich.

Tage später sehe ich das Paket im Flur wieder, leicht bestoßen an den Ecken und zum Rückversand vorbereitet. Die Hosen hatten die falsche Farbe, sagt mein Freund, die waren nicht dunkelblau, die waren schwarzblau. Ich zucke mit den Schultern und bin irgendwie froh, dass es nicht gelungen ist, so leicht sechzig Euro zu sparen, aber vielleicht stimmt das auch nicht, vielleicht ist es mir auch egal, und ohnehin geht es hier gar nicht um diese zwei Hosen, die mein Freund mal kauft, sondern es geht zum Beispiel eher um die Mogeleien, die Hannes Hintermeier in einem schon etwas älteren Artikel in der FAZ am Beispiel eines bekannten, nicht genannt werden wollenden Sachbuchautors beschrieb: Dieser Autor, konnte man lesen, „hasse Amazon, wirklich aufrichtig und mit allem Nachdruck. Man müsse sich mit aller Gewalt gegen diesen Monopolisten stemmen. Freilich, wenn er ein Buch wolle, sage er einfach seiner Frau Bescheid und die bestelle es für ihn – bei Amazon."

Sie werden keine Sendungen verpacken, die den Sachbuchautor oder mich oder irgendwen erreichen. Sie werden Warenlieferungen in Empfang nehmen und in das Warenlagersystem einbuchen, so dass die Ware dann bestellt werden kann. Und es wird eine Weile dauern, bevor Sie im Buchbereich eingesetzt werden, der übrigens wie früher das Lesen von Romanen hauptsächlich den Frauen vorbehalten ist. Wenn Sie dann die Unmengen Bücher ins System buchen, werden Sie sich vielleicht darüber freuen, aber vielleicht auch nicht. Das werden wir sehen.

Ich jedenfalls habe mich immer gefreut, neben den riesigen Bücherkartons zu stehen und die Bücher ins System zu buchen, habe mir die Bücher angesehen und gewusst, was die Deutschen so kaufen, also zum Beispiel gewusst, dass die Deutschen gern Eckart von Hirschhausen kaufen, denn ich habe hundertfach Eckart von Hirschhausens Gesicht auf dem Arbeitstisch gehabt und in eine gelbe Kiste gelegt. Und ich habe erfahren, dass es tatsächlich unglaublich viele Vampir-Romane gibt, was ich schon vorher hätte wissen können, aber doch nicht für möglich gehalten hatte.

Ich habe mich jeden Tag bei Amazon über die Bücher gefreut, aber eines Tages hielt ich ein Buch in den Händen, dessen Herausgeber ein Bekannter und ehemals guter Freund war. Ich bekam einen Schreck, der Bekannte und ich trafen da vollkommen überraschend aufeinander. Dort, in der Versandhalle, wo ich ungefähr vierzig seiner Bücher in die Kiste für die vorbestellten Produkte legte, so dass ich wusste, was man lesen würde und für ein gutes Weihnachtsgeschenk hielt, war es, als wäre ich das Zimmermädchen und er der Gast. Es war, als zeigten wir unsere wahren Gesichter. Ich dachte zuerst nichts und dachte danach einfältige Dinge. Ich wog mein Leben gegen seines auf und der Gradmesser war Geld, das ich im Unterschied zu ihm nicht hatte. Der Bekannte gehört zu jener Welt, in der man mit einem Job, den man mag, eine Frau und ein Kind ernähren kann. Mit seinem Buch in den Händen wollte ich nicht viel denken und dachte nicht viel. Ich dachte, sicherlich hat er im Moment Zeit, sich Gedanken über sein neues Werk zu machen, man müsste es ja *Werk* nennen, so wie er als *Erfolgsautor* bezeichnet werden müsste.

Sie aber stehen nun am Treffpunkt beim Kistenregal in der Versandhalle, halten Ihre Kiste mit den Arbeitsutensilien in der Hand und stehen wirklich im Ernst des Lebens. Oder Sie stehen in den aus Ihrer finanziellen Situation und den Angeboten auf dem sogenannten Arbeitsmarkt gezogenen Konsequenzen herum. Kalte Luft strömt an Ihnen vorbei. Sie ziehen sich die Fleecejacke, die Sie unter der Warnweste tragen, bis unter das Kinn, setzen die Kapuze auf. Eines der Tore zum Dock schließt nicht zuverlässig, so wird es bleiben und man wird Ihnen, wenn Sie schon ganz marode sind, sagen, dass man für Sie keinen Heizpilz aufstellen wird. Sie werden sagen, dass Sie ja auch keinen Heizpilz wollen. Aber dann, wenn Sie wirklich marode sind, werden Sie nicht mehr ruhig wiederholen können, worum genau Sie tatsächlich baten (nämlich darum, das Tor doch endlich zu reparieren). Sie werden ein Zittern bemerken, das tief in Ihnen gar nicht erst entsteht, sondern schon eine Weile vor sich hinzittert und sich in Ihre Gliedmaßen hinein ausbreitet. Sie blicken nach wie vor einer Zeit der Missverständnisse entgegen.

Sie überschauen die wachsende Menge der auf den Schichtbeginn wartenden Kollegen, entdecken Ihre Kolleginnen Grit und Stefanie. Die beiden plaudern, tauschen sich über den gestrigen Tag aus. Sie gesellen sich dazu, stehen daneben, und es ist etwas ganz Altes in Ihnen, etwas, das von mir kommt, das ich Ihnen hiermit überreiche, damit Sie es abwickeln, abschließend behandeln und ein für alle Mal erledigen können. Sie wünschen, die beiden nähmen Sie in ihre kleine Runde auf. Das wollen Sie ein paar Sekunden lang sehr. Aber Grit und Stefanie sehen Sie kaum an und bewegen keinen Fuß, um auch Ihnen Platz zu machen. Sie straffen sich, und wir kommen noch darauf zurück, auf das, was Sie hier kurz wollten, auf dieses Dazugehörenwollen, kommen darauf zurück, wie hier alle bis ins Mark hinein dazugehören wollen, was hauptsächlich daran liegt, dass niemandem Zeit bleibt, andernorts dazuzugehören.
Vorerst haben Sie nichts an sich, was Grit und Stefanie interessiert, über Nacht sind die beiden ein Team geworden und auch Hans-Peter hat einen neuen Vertrauten, dem er ganz in der Nähe davon erzählt, wie er gerade um ein Haar auf der

Autobahn einen schweren Unfall gehabt hätte. Sein neuer Vertrauter sagt *Ja* und *Aha* und *Mensch* und klingt dabei beteiligt und abwesend zugleich. Sie sagen nichts.

In der Mitte der Runde finden sich allmählich die Vorgesetzten ein. Diese sind an ihren Klemmbrettern und farbigen Schlüsselbändern zu erkennen und daran, dass sie genug Platz haben, um ihre Beine raumnehmend aufstellen zu können. Die Mitarbeitergespräche verstummen allmählich, man wendet sich den Chefs zu. Sie treten einige Schritte zurück, um zum äußeren Rand dieser Versammlung zu gelangen, die Sie an einen Fahnenappell erinnert, der jedoch nicht entlang der eckigen Spielfeldlinien einer Turnhalle durchgeführt wird, sondern als lose gewirkter Kreis aus Dreier- bis Fünferreihen, möglichst weit entfernt von dem Bereich, in dem die Chefs stehen.
Es klingelt zur Schicht, der Schichtleiter Mirko tritt einen halben Schritt aus der Chefreihe hervor. Er steht in dieser breitbeinigen Haltung und klopft mit der Seite des Klemmbretts in die linke Handfläche.
Willkommen zur Spätschicht, sagt er. Ihr seht, die Docks sind leer, aber das wird nicht mehr lange so bleiben, wir nähern uns der Peakwoche. Heute haben wir nicht allzu viel Ware, es wird eine ruhige Schicht werden, wir müssen sehen, dass wir

auch der Frühschicht noch Ware dalassen, aber ich bin zuversichtlich. Es werden noch einige Lieferungen erwartet.
Er hält kurz inne, fährt nach der kleinen Pause fort. Eine gute Nachricht: Heute hat Amazon Italien eröffnet. In den ersten fünf Minuten gab es sieben Bestellungen, eine gute Tendenz, wie ich finde.
Er schaut in die Runde. Gibt es einen Sicherheitstipp, fragt er.
Sie korrigieren Ihren Eindruck. Das ist doch keine Fahnenappellvariante, sondern eher ein amerikanischer Motivationskreis wie vor einem Basketballspiel, nur dass die Mitarbeiter nicht sportlich und glänzend, sondern hölzern und unamerikanisch herumstehen.
Gut, sagt der Schichtleiter, dann habe ich einen Tipp. Parkt bitte parallel zueinander. Der Parkplatz muss jetzt optimal genutzt werden. Es gibt viele neue Mitarbeiter. Und achtet auf die Fußwege. Die Fußgänger haben Vorrang.
Er nickt und klopft nochmals mit dem Klemmbrett in seine Handfläche:
Ich wünsche euch eine gute Schicht.

Die meisten Mitarbeiter gehen zu ihren Arbeitsplätzen. Hans-Peter, Grit, Stefanie und Sie warten auf Norman.
Ein Gewühle auf dem Parkplatz, sagte Hans-Peter, so viel früher kann man doch gar nicht kommen,

dass man das schafft, und wie manche parken, kreuz und quer und fünf Versuche, um einzuparken. Er tritt dicht zu Ihnen, Sie weichen ein wenig zurück. Er greift in die Brusttasche seiner Latzhose und zieht eine Schachtel Tabletten hervor. Er sieht Sie so an, dass Sie wissen, er erwartet von Ihnen, etwas mit dem Anblick der Tablettenschachtel anfangen zu wissen. Hast du die gestohlen, fragen Sie. Hans-Peter verkürzt den Abstand zu Ihnen, tippt mit dem Zeigefinger auf seinen Mund: ein eiternder Zahn, sagt er. Oh, sagen Sie. Hans-Peter erklärt, der Zahn müsse eigentlich operiert werden, aber nun habe er die Operation verschoben.
Aber hast du denn keine Schmerzen, fragen Sie. Na klar, erwidert Hans-Peter, sonst würde ich doch das Zeug hier, er klopft sich auf seine Brusttasche, nicht brauchen. Dann solltest du aber besser zu Hause bleiben, sagen Sie. Na das geht doch nicht, das geht eben nicht, jetzt muss ich ja hier sein, sagt Hans-Peter. Aber wenn du doch krank bist, sagen Sie.

So könnten Sie ewig reden und so werden Sie noch ein paar Mal reden, werden in wenigen Tagen, wenn Sie selbst krank und wieder gesund geworden sind und an Ihrem ersten Tag nach der Krankheit erneut direkt neben dem sich nicht schließenden Rolltor arbeiten sollen, damit ein anderer Kollege dort nicht arbeiten muss, diesen Kollegen aufsuchen und sagen, dass Sie gerade erst krank gewesen seien und deshalb unbedingt im Warmen und nicht in der Zugluft arbeiten wollen. Er wird mit den Schultern zucken, und Sie werden bemerken, der ist krank, hat triefende Augen. Sie werden ihm die Hand auf die Stirn legen und bemerken, wie er glüht. Du musst nach Hause, werden Sie sagen. Er wird nochmals mit den Schultern zucken und sagen, dass er aber doch übernommen werden will. Sie werden wiederholen, dass er nach Hause gehen solle, aber er wird sich nicht abbringen lassen und Sie werden in der Zugluft arbeiten, frieren, schwitzen, frieren.

Hans-Peter sagt, er dürfe mit den Tabletten eigentlich gar nicht Auto fahren. Sie sagen, er riskiere zu viel für diesen Job. Du hast gut reden, sagt er. Sie sagen also genau das, was Hans-Peter hören muss, um genau das sagen zu können, was er zu sagen hat.

Norman kommt in seinem gemütlichen Schritt und gestikuliert, als wäre die Gruppe zu spät erschienen. Er treibt an, führt alle weiter in die Halle hinein, in einen Bereich, in dem niemand sonst arbeitet. Alle Arbeitstische sind frei. Er klopft auf die Arbeitsfläche: Gut, sagt er. Ein Hubwagenfahrer fährt vorbei, bleibt in der Nähe der Gruppe stehen, lädt leere Paletten auf, fährt weiter. Die Gruppe und Norman wirken, als wären sie die ersten, als wären sie die letzten in dieser riesigen Halle. Der Arbeitstisch ist groß und staubig am Rand der Tischfläche, staubig auch in den Fächern unter der Platte. Ein zweiter Arbeitstisch schließt sich gleich an diesen an. In diesem Bereich der Halle stehen die Arbeitstische in Paaren beieinander, umsäumt von einem Ihnen noch unverständlichen Geflecht aus Linien, die markieren sollen, wo Paletten zu stehen haben, wo einzubuchende, wo eingebuchte und von den Hubwagenfahrern abzuholende Ware. Neben dem Arbeitsplatz stehen große Kartons, ausgebeulte, träge Behälter, in die zerkleinerte Kartons und Folien getrennt zu entsorgen sind.

Norman teilt die Gruppe in zwei kleine Gruppen. Grit und Stefanie bekommen eine Co-Workerin zugeteilt, die sie abholt und zu anderen Tischen führt. Da würden Sie auch lieber mitgehen, aber Sie sollen in Normans Gruppe mit Hans-Peter und Florian arbeiten, der allerdings noch nicht da ist, auf den auch niemand wartet. Die von Ihnen zu erlernende Arbeit ist: die Ware aus dem Karton nehmen, die Verpackung der Ware oder die Ware selbst auf Beschädigungen prüfen, den Barcode der Ware scannen, die eingebuchte Ware auf eine andere Palette oder in einen Tote legen, und immer auf den Computer achten, der sagt, was zu tun ist und wie alles heißt.

Wie einiges also heißt, was Sie tun und wie Sie darüber zu sprechen haben:
Tote
ASIN
Tote scannen
ASIN scannen
ASINs scannen, bis genug im Tote ist
Tote full
next Tote

Tote, wie das klingt, sagt Hans-Peter. Wie im Krematorium, wo sind wir denn hier.
Sie wollen noch nicht an die Bezeichnungen heran, aber Norman macht klar: Ihr könnt das Tote ja Kiste nennen, aber es hilft euch nichts, denn das Tote heißt Tote und heißt überall Tote. Besser, ihr merkt es euch gleich.

Florian kommt abgehetzt herein. Norman sagt nichts, steht nur schweigend vor ihm, ein strafender Vater, der nicht die rechten Worte findet, aber seine schlechte Meinung von Florian gänzlich in sein Schweigen legt.

Sie probieren weiter die neuen Wörter aus.
Tote
ASIN
defective setzen
Cubi

Problemer
MHD-Ware
Prep

Nichts wirkt echt, auch nicht die Warenlieferung, die ein Hubwagenfahrer neben Ihnen abstellt. Zwei Paletten voll mit übereinandergestapelten, mit Stretchfolie umwickelten braunen Kartons. Sie befinden sich nun einerseits im echten Arbeitnehmerleben, andererseits in einer Fortsetzung des Spiels, das bei der Testarbeit begann. Norman fordert Florian und Hans-Peter auf, mit dem Fischmesser die Stretchfolie zu lösen. Kaum haben die beiden begonnen, greift er ein, weil sie ihm zu langsam und vorsichtig arbeiten. Mit schnellen groben Bewegungen löst er die Folie selbst von den Kartons, zieht sie ab, knüllt sie zusammen, wirft sie in hohem Bogen und treffsicher in den Folienbehälter. Er öffnet einen Karton und zieht eine mit einer glänzenden Felge bedruckte Kiste daraus hervor, wirft sie mehr auf den Arbeitstisch, als dass er sie legt, und verdeutlicht den Fall: Also, sagt er, wir haben einen Karton voll mit dem gleichen Produkt. Dann lassen wir das Produkt drin, nehmen nicht alles raus, höchstens eines, um den Barcode zu scannen, falls der sich nicht außen am Karton finden lässt. Sonst dauert es zu lange. Er dreht den Karton, bis er den Barcode findet, scannt diesen ein. Guckt hin, sagt er, ich mach das ja nicht für mich, ich kann das hier alles schon. Er gibt ein, wie viele Felgenkartons sich im braunen Karton befinden. Dann wirkt es, als werfe der Tisch ihm den Karton zu, damit Norman den Felgenkarton schwungvoll weiter in die Umverpackung zurückbefördern kann, die Kanten des Kartons dabei nicht schonend. Es ist nichts offensichtlich Spezielles an diesen Bewegungen, einzig das absolut Unspezielle fällt Ihnen auf: Normans Bewegungen folgen einer strengen zeitlichen Taktung, für jede Tätigkeit scheint er die exakt gleiche Zeitmenge aufzuwenden, alles ist dem Zeitsinn untergeordnet, und das jeweils zu bearbeitende Produkt ist lediglich etwas, das die Einhaltung irgendwelcher Zeitvorgaben mehr oder weniger beeinträchtigt.

Sie sagen: Aber wie sollen wir denn die Ware auf Beschädigungen prüfen, wenn wir sie gar nicht aus der Umverpackung nehmen, wenn wir nur eine Ware unter vielen ansehen und den Rest nur durchzählen. Norman wartet und verdreht die Augen. Frau Professor, sagt er, dann nimm sie eben raus.

Inmitten der anderen Neuen sind Sie in einem unbekannten Land mit einer Ihnen unbekannten Sprache und jener, der alles hätte zeigen sollen, versteht nicht, was ein Fremder nicht weiß oder nicht wissen kann und was ihm deshalb erklärt werden muss. Norman sagt: Das müsst ihr übrigens nicht verstehen, das müsst ihr nur wissen.

Norman stellt Ihnen Hans-Peter an die Seite. Florian arbeitet am Platz Ihnen gegenüber. Sie reichen Hans-Peter die Ware an, damit er den Barcode von der Verpackung scannen kann. Sie zählen und verstauen die Ware auf der Palette für das Warenlager. Sie arbeiten langsam, weil Hans-Peter Mühe mit dem Rechner hat. Es gelingt ihm nicht, den Cursor mit der Maus dort zu platzieren, wo er ihn hinhaben will. Sein Cursor jagt nervös um das Ziel herum. Sie helfen ihm am Rechner, erklären, was Sie verstanden zu haben glauben. Unter Vorbehalt, sagen Sie. Sie verkleinern das Bildschirmfenster, das Hans-Peter übermäßig vergrößert hat.
Er legte seine Hand über Ihre, Sie ziehen Ihre Hand weg. Er beugt sich über die Tastatur, blickt Sie von unten an, steht gebeugt wie vor einem Aquarium, um Sie genau betrachten zu können, setzt ein Lachen auf und sagt *lachen*.
Ich sagte ja schon, dass Sie, auch wenn Sie sonst ein Mann sein sollten, hier eine Frau sind, und so ist es eben.
Weil Sie nicht ich sind, weichen Sie nicht nur zurück. Sie sagen, er möge das sofort lassen.
Sonst, fragt Hans-Peter.
Nichts sonst, sagen Sie, einfach lassen. Mehr gibt es dazu nicht zu sagen. Weil Sie Sie sind und einen

scharfen Ton haben können, hört Hans-Peter auf, Ihnen forschend und verspielt ins Gesicht zu starren, während Sie ihm am Rechner zu helfen versuchen. Ohnehin ist er nun von den Warntönen abgelenkt, die Florians Rechner am Nachbartisch ausstößt. Norman, der eben noch bei Grit und Stefanie und deren Co-Workerin stand, eilt herbei, stellt sich neben Florian und schaut ihm zu. Florian fährt sich nervös durch das Haar und tippt wild auf der Tastatur herum. Na, ich sag nichts, sagt Norman. Doch, sag, bittet Florian. Nee, ich sag nichts, wiederholt Norman. Das geht ja schon wieder gut los, sagt Florian mehr zu sich als zu Norman. Er hat bei sich selber einen Ruf, wird ihn binnen kürzester Zeit bestätigen und nicht mehr zur Arbeit kommen.

Norman drückt die Escape-Taste, der Rechner gibt Ruhe. Er lacht. Florian sagt zu Norman: Ich schwitze nicht so sehr wie du.

Ich schwitze gar nicht, sagt Norman.

Sie haben den Eindruck, gerade noch Teil einer Gruppe zu sein. Einer Gruppe, die der Esel im Galopp verloren hat. Oder der zynische Ernst eines falsch verstandenen Arbeitslebens.

Sie spielen mit den Waren, oder was tun Sie? Sie lernen etwas über die Produkte und den Umgang mit Ihnen.

Sie müssen die in die Verpackungen der Schonbe-

züge für Autositze gestanzten sogenannten Fühllöcher mit Klebestreifen zukleben. Sie müssen unverpackte Koffer eintüten lassen und darauf achten, dass die Tüten Luftlöcher haben. Sie begegnen einer gläsernen Badeente, deren Barcode der Rechner nicht kennt. Ein neues Produkt, sagt Norman, das sehen Sie sich, während Sie es durch die Halle tragen und kaum auf die Markierungen achten, genauer an. Sie tragen eine gläserne Badeente, mehr fällt weder Ihnen noch mir dazu ein.
Sie sollen eine Kiste voll mit Adventskalendern ins System buchen, aber es sind mit Teebeuteln gefüllte Adventskalender. An jedem Teebeutel ist ein gemaltes Politikergesichter befestigt, das später, befindet sich der Kalender erst beim Kunden, über den Tassenrand ragen soll. Sie tragen die Kiste mit den Kalendern in die MHD-Abteilung, wo alle Lebensmittel bearbeitet werden.

Sie begegnen einem Fön, der heißt Alpenfön Groß Glockner. Sie müssen lachen. Sie wiederholen den Produktnamen, aber Hans-Peter findet nichts Lustiges daran, stellt nur fest, dass Sie ja doch lachen können.
Sie zerkleinern Kartons, das ist am schwierigsten. Norman kommt, nimmt einen Karton, reißt ihn in Teile, wirft ihn zum Altkarton. Innerlich gähnen Sie dazu.

Sie frischen hier ansonsten ein altes Wissen über die Arbeitswelt auf. Ihnen wird nichts begegnen, was Sie so nicht schon aus den Berichten Ihrer Eltern kennen.

Sie arbeiten, ziehen die schnittfesten Handschuhe an und aus, Sie erklären Hans-Peter wieder und wieder, wie der Rechner funktioniert, Sie starren auf den Bildschirm, manchmal fällt Ihnen ein Produkt runter, dann kriegen Sie einen Schreck und hoffen, es ist nicht kaputtgegangen. Das Wichtigste wissen Sie noch nicht: Der Mitarbeiter hat mit den Waren wie der Sklaventreiber mit den Sklaven umzugehen. Denn Sie arbeiten hier schließlich in einem vielschichtigen und ausgeklügelten Herrschaftssystem, und es gilt immer zu entscheiden, wer man sein will. Die Frage für jeden Tag lautet: Wollen Sie von den Waren an der Nase herumgeführt werden?
Es geht um das Ansehen, das einer haben kann. Es geht um den unbeliebten Platz des rangniedrigsten Sklaven, den keiner innehaben will. Es geht also darum, die Waren, auf dass sie sich nicht über die Mitarbeiter erheben, grob zu behandeln. Das lernen Sie noch, aber Sie werden nicht gut genug darin.

Später warten Sie zwanzig Minuten auf die Straßenbahn, stehen, als sie endlich eintrifft, dicht an dicht mit Kollegen, stehen wie ein bedrängter Hund in der Wärme und gerahmt von beschlagenen Scheiben. Sie lesen sich fest am Aufdruck der Tasche einer Ihnen noch unbekannten, vor Ihnen stehenden Kollegin: *Summer spirit*. Sie lesen das ohne Unterlass, lesen, bis die Kollegin am Hauptbahnhof aussteigt. Sie steigen auch aus, sehen die Kollegin zum Bahnhofseingang rennen, das Rennen um diese Uhrzeit kommt Ihnen absurd vor. Sie gehen nicht auf direktem Weg nach Hause, sondern spazieren langsam in Richtung Innenstadt.

Neben Lehmanns Buchhandlung sind die Fahrradständer in bunte, zum Teil neonfarbene Wolle eingestrickt. Das ist, haben Sie vor einer Weile gelesen, Guerilla-Stricken. Natürlich ist nichts an diesem Stricken, an diesem Die-Fahrradständer-Einstricken rebellisch oder militant. Sie denken, es ist lediglich irgendwie ärgerlich und dumm. Dieser wollene Protest, der keiner ist, der zeigen will, dass die Welt eine bunte sein soll, ist Ihnen, die Sie derzeit wenig Zeit haben, ein Symbol großer Zeitverschwendung und Besserwisserei. Sie verstehen nicht, wie jemand so viel Zeit für das Einstricken von Fahrradständern aufbringen kann, wie jemand tausende Maschen stricken konnte, um sie dann um Fahrradständer zu nähen. Warum denn so dekorativ, fragen Sie sich. Es ist kurz vor Mitternacht, Ihre Füße brennen, und Sie haben schlechte Laune.

Fünf

Sie gehen im Park spazieren, gehen planlos herum, Sie atmen Frischluft auf Vorrat. Sie wissen, dass Sonntag ist und auf den Sonntag Montag und mit dem Montag der Beginn einer Frühschichtwoche folgt. Die Enten haben sich ein Loch in den zugefrorenen Teich geschwommen. Sie haben sehr kalte Füße. Demnächst, wenn auch noch Schnee fallen und dieser Schnee die morgendliche Stadt außer Kraft setzen wird, wird es sich so anfühlen, als wären diese vor Kälte schmerzenden Füße Ihr größtes Problem.

Noch aber ist es irgendwie gut, Sie geben sich pragmatisch, Sie müssen sich, wenn Sie wieder Geld haben, eben bessere Schuhe kaufen. Sie denken noch nicht den ganzen Tag, dass Sie lieber nicht zur Arbeit wollen. Sie erfinden auch keine Ausreden, warum es nicht geht, was also dagegen spricht, dass Sie an jenem Tag zur Arbeit gehen, was nun partout dagegen spricht. Aber ich sehe dennoch das kleine Ausweichen: Sie wollen nicht nach Hause, Sie wollen nicht dem Abend begegnen, der dann in die Nacht führt und diese wiederum in den Morgen, der ein Montagmorgen ist.

Sie gehen noch eine Runde, weiter vorn sehen Sie Bekannte, da drehen Sie um, Sie wollen niemandem, den Sie kennen, begegnen und rutschen fast auf der Holzbrücke über den Teich aus. Sie haben etwas schlechte Laune, so ist das am Sonntagabend in der Arbeitswelt, in dieser Arbeitswelt, die ich meine.

Sie gehen zum Fluss, wo der Musiker mit der quäkenden Stimme Keyboard spielt. Ein Eigenbrötler, ein Unermüdlicher, immer dort oder anderswo und immer die falschen Texte singend. Sie denken, kann er das nicht mal üben, aber er wird es nicht üben. Meistens wird jemand über ihn lachen, aber das dringt nicht zu ihm durch. Er steht, so scheint er zu denken, alle Zeit kurz vor der berechtigten Entdeckung. Den kann kein Zweifel trüben. So etwas kennen Sie womöglich, aber Sie als ich kennen das nicht.

Sie laufen dann doch noch in Bekannte, die Sie seit Jahren nicht gesehen haben. Er Internist, sie Hämatologin, sie sind mit ihrem Baby aus der Schweiz zurückgekommen. Die beiden laden Sie ein, noch auf einen Glühwein mitzukommen, Sie sagen zu. Sie stellen fest, nah beieinander zu wohnen. Die beiden im ausladenden Jugendstilhaus am einen Ende und Sie am anderen Ende des Platzes, im letzten in dieser Stadt noch zu DDR-Zeiten fertiggestellten Plattenbau, gebaut in Experimentalbauweise, was hier bedeutet, dass der Plattenbau, in dem Sie wohnen, versucht, sich den Altbauten mit Schrägdach und verzierten Außenwänden anzugleichen. Bevor Sie das Haus betreten, sagen die Bekannten, das nächste Mal bei dir, wie praktisch. Gern, sagen Sie und steigen die polierten Stufen zur großen, zur riesigen Wohnung der Bekannten hinauf. Sie kennen riesige Wohnungen, Sie kennen auch gute Möbel – zwar nicht von Geburt an, aber Sie haben gute Möbel kennengelernt und können Möbel, die nur wie gute Möbel aussehen wollen, von solchen, die es wirklich sind, unterscheiden. Die Bekannten führen Sie herum und reden. Sie gehen durch die Wohnung und verlieren allmählich den Überblick darüber, worum es hier geht. Sie ahnen, das machen die beiden immer so, die müssen reflexhaft ein bisschen was herzeigen und wissen nicht, dass Sie nicht beeindruckt werden müssen, dass von Ihnen keine Konkurrenz ausgeht. Aber nach dem zweiten Glas Glühwein, das Sie viel zu schnell trinken, fühlen Sie sich ungefähr zu einem Duell herausgefordert und lehnen die auf den Tisch gestellten MonChérie-Pralinen und Merci-Riegel ab. Sie sagen: Ich esse ja nur noch Pierre-Marcolini-Pralinen, das sind die besten. Die Packung kostet 30 Euro, aber das sind die

Pralinen wert. Die Bekannten lassen sich den Namen der Pralinen wiederholen. Sie lügen normalerweise nicht, aber Sie könnten jetzt weiterlügen. Einfach nur so könnten Sie einen Abend mit Lügen füllen und erst aufhören, wenn die Bekannten ein A4-Blatt mit Hinweisen und Markennamen gefüllt hätten. Sie schweigen lieber. Über dem Stubenwagen, in dem der Sohn der Bekannten seine Füße greift und schniefend atmet, hängt ein Foto, das dasselbe Kind in eine Wolldecke eingewickelt zeigt. Neben dem Kind liegt eine alte Ausgabe von Adornos *Minima Moralia*, der Zeigefinger des Kindes, der Babyzeigefinger ist ausgestreckt, scheint das Buch aufschlagen zu wollen. Sie denken an Emil Cioran, der sich wunderte, wie einer sich nur über den Anblick eines frisch geborenen Kindes freuen könne, wie einer sich grundsätzlich über die Geburt eines Kindes freuen könne, dass man doch anlässlich der Geburt eines Kindes eher weinen müsse. Sie fragen die Bekannten, ob sie Cioran kennen.

Es ist also Zeit, dass Sie gehen. Sie erheben sich, stoßen sich an der über dem Tisch hängenden Lampe, die schwingt nach, Sie halten sich die Stirn. Kennen Sie diese Leute eigentlich gut? Sie stehen Ihnen gegenüber und wissen auch nicht recht. Womöglich haben Sie sich verwechselt. Das hier wird jedenfalls die letzte Begegnung sein, das wissen Sie, das wissen auch die Bekannten. Die Bekannten sagen: Komm doch mal wieder. Sie sagen: Wir wohnen ja wirklich dicht beieinander. Der Bekannte macht einen Witz, Sie lachen mit, obwohl Sie den Witz in besserer Ausführung kennen. Dann steigen Sie die knarrenden Stufen hinab, überqueren den Platz mit seinen üppigen Altbauten und wechseln die Welten.

Sie sind nun allein in der Wohnung. Wenngleich ich am Anfang so tat, als hätten Sie meinen Freund und meine Kinder, ist es nicht so. Die teile ich doch nicht. Es geht nicht. Sie sind ich, aber Sie haben nicht mein ganzes Leben. Sie sind also im Prinzip allein in der Wohnung, aber ich bin auch noch da.
Sie setzen sich kurz an den Schreibtisch. Sie könnten, fällt Ihnen ein, noch eine Rechnung schreiben, etwas ist noch offen, aber Sie tun es nicht. Sie werden morgen früh arbeiten, Sie falten Ihr kleines Wochenende zusammen, gehen ins Bad und dann mit einem Teller Nudeln ins Bett. Essend starren Sie auf den Fernseher, Sie nehmen nicht viel wahr. Sie starren einfach. Am Sonntag sind auch Sie wie ein schulscheues Kind und hoffen auf eine Krankheit, die Sie morgen verhindert. Sie haben aber ohnehin, das wissen Sie nur noch nicht, eine kurze Woche vor sich, werden nämlich schon nach zwei Tagen krank werden, sich beim Vorgesetzten

abmelden und sich wundern, wie höflich er Ihnen gute Besserung wünscht.

Sie tragen den Teller zurück in die Küche und sprechen dabei den Satz meines Frühschichtvaters: Oh, es ist ja schon um neun, jetzt muss ich aber schnell schlafen. Dann liegen Sie und sind kein bisschen müde. Sie drehen sich hin und her und ziehen sich kurz die Decke über den Kopf. Die Nacht vor diesem nächsten Arbeitstag steht Ihnen wie eine Mutprobe bevor. In zwei bis vier Jahren werden Sie anders sein, da werden Sie genug haben von aller Angst, da wird kein Unternehmen oder irgendwer Sie im hellwachen Zustand zur Kinderschlafzeit unter die Decke quetschen können. Aber vorerst liegen Sie da, wie ich dalag, und versuchen, sich in einen vernünftigen Arbeitnehmerschlaf zu begeben.

Während Sie sich herumwälzen, entsteht in Ihrem Kopf ein Bett, ein Metabett, anfangs bequemer als das echte, Sie legen sich auch in dieses Kopfbett und sind fern von Sonntag und Montag, fern der Reihung der Tage, da gibt es keine Tage. In Ihrem Kopf entsteht also ein Bett, das Sie schon in wenigen Tagen auch tagsüber aufsuchen werden, dabei deutlich für alle sichtbar in der Versandhalle stehend und arbeitend. Das passiert ganz automatisch, Sie bekommen es gar nicht mit. Sie werden am Ende, dann wenn es Zeit ist, dass Sie noch vor dem Auslaufen des Vertrages aufhören, eine Saisonkraft zu sein, dieses Bett vollkommen zugemüllt haben, an seinen Rändern werden sich zerknülltes Papier, Wodkaflaschen, Kondome, Zigarettenstummel und ein kleiner, Ihnen vollkommen unbekannter Plüschhund angesammelt haben. Ihr Kopfbett wird aussehen wie Tracey Emins Bett, in dem die Künstlerin eine lange depressive Zeit nach einem Beziehungsende verbrachte, aber Ihr Kopfbett wird sich nicht wie Tracey Emins Bett für 2,5 Mio. Pfund bei Christie's versteigern lassen, sondern Sie werden es später selbst aufräumen müssen. Sie werden sich genieren, das Bett wird Ihnen wie ein Sterbebett vorkommen. Sie werden sich vor dem Bett in Ihrem Kopf gruseln, und dann werden Sie es aufräumen, werden den Müll in Tüten stopfen, die Tüten wegtragen und sich vorstellen, die Tüten wegzuschmeißen.

Um also kurz zurückzukommen auf die Frage vom Anfang, ob es eigentlich um Leben und Tod gehe, sage ich nun deutlich: Ja, das tut es.

Sie in Ihren Betten meinen, Sie bräuchten mindestens vierzehn Stunden Schlaf. Natürlich täuscht dieser Eindruck, aber Sie würden doch ein Plädoyer dafür halten, just in dieser Nacht nicht ohne diese zusätzlichen Stunden auszukommen. Ich hingegen sitze hellwach in der Küche, ich bewohne die Nacht, die Sie durchschlafen, und ich erinnere mich an ein Festessen an einer unglaublich langen Tafel, mit einer Sitzordnung, die immer abwechselnd Mann und Frau nebeneinander vorgesehen hatte. Es gab Essen, das fad schmeckte, aber aufwendig daherkam: Zuckerhauben, Stickstoffdampf aus Kannentüllen, ein Schokosaucenspiegel in Form der Gastgebersilhouetten. Über den rechts neben mir sitzenden Bürgermeisterkandidaten hinweg erzählte mir eine Frau von ihrer Tochter, die in meinem Alter war. Diese saß ihr schräg gegenüber und legte die Hand über ihr Weinglas, sobald sich eine Weinflasche näherte. Sie war schwanger, man sah es nur noch nicht. Meine Tochter, erzählte die Frau, war eine sehr gute Schülerin und sehr begabte Pianistin, dann studierte sie erfolgreich Jura in Großbritannien. Meine Tochter heiratete im letzten Jahr einen erfolgreichen Rechtsanwalt, sagte die Frau. Ich hatte wegen der Lautstärke am Tisch Mühe, alles zu verstehen, auch hatte der Bürgermeisterkandidat begonnen, ein Gespräch mit der Tochter der Frau zu führen. Unsere Gespräche überkreuzten sich. Ich lehnte mich zurück und hatte nicht den Eindruck, die schöne Geschichte eines gelingenden Lebens gehört zu haben, sondern jenen, dass die Eheschließung der Tochter so etwas wie eine Schere gewesen war, die die Laufbahn aus dem Leben der Tochter geschnitten hatte. Oder dass es da gar keine Schere gab, dass hingegen die Laufbahn, die sogenannte, etwas wie ein Experiment für die Sommerküche war, etwas, was man probiert haben sollte, bevor man zur gewohnten Küche zurückkehrt. Ich war sehr betrunken an diesem Abend, ging grußlos und schwankend und wusste kein bisschen, worauf irgendetwas hinausläuft.

In der Küche denke ich an die schönste Dame der Stadt, eine ungefähr siebzigjährige Frau. Sie wühlt im Müll und trägt Kleider, die alt sind, aber die man gerade wieder trägt. Sie ist schlaksig, kaum krumm geworden. Eben war sie wohl noch fünfundzwanzig, aber das Alter musste schlagartig auf sie eingewirkt haben. Das Alter hatte sie erwischt und sie, weil es gerade keine andere finden konnte, schlagartig gen Ende bearbeitet, aber sie hat es noch nicht mitbekommen. Das ist vorerst lediglich eine Art Kater, etwas wie ein irritierender Sofortschmerz, eine wüste Sache, die sich demnächst in Gänze zeigen wird. Sie hat einen blonden kurzen Kinnbart und Falten, die sich in einer chaotischen Form ins Gesicht geworfen haben, die hatten keine Zeit, sich überzeugend einzupflegen. Sie stopft eine

Pfandflasche aus dem Papierkorb in ihre Tüte und zieht mit nur leicht gebeugtem Rücken weiter.

Ich denke an den alten Mann, der immer auf einem umgedrehten Eimer saß und an wechselnden Orten Blumen verkaufte, der stammelte, die Blumen seien alle selbst gepflückt, was man erst noch verstehen konnte, später nur noch erahnen. Er saß den ganzen Tag und wurde nicht älter, als könne er nicht mehr älter werden. Er trug die immergleiche Jacke aus Fallschirmseide. Ich kaufte meistens drei Sträuße bei ihm, aber manchmal wich ich ihm aus und sorgte mich, er würde erschlagen werden, veralbert, zu Tode verstört.
Er saß wie ein Denkmal, ich sah ihn nie gehen oder stehen.

Ich jedenfalls kann nicht mehr sitzen, ich habe keine Sitzkraft, nichts dergleichen, ich springe alle Nase lang auf und gehe herum und manchmal fällt mir zur Beruhigung Robert Lax ein und seine tröstliche Frage, warum man sich ein Bett kaufen solle, wenn alles, was man tun möchte, schlafen ist.

Also ich weiß wirklich nicht, was einer tun kann, damit etwas gelingt. Oder ich weiß es. Ich hatte die Vorstellung, dass Sie und ich, immer wenn jemand sagt *So ist es und so bleibt es*, wenn einer also behauptet, nichts ändere sich jemals wirklich und nie zum Guten, dass wir dann zugleich hintenüber fallen und zu lachen beginnen. Wir hatten in meiner Vorstellung eine feine Choreographie des Fallens und Lachens und natürlich mussten wir oft fallen und lachen.

Sie haben dann doch noch geschlafen und sind zehn Minuten vor der Weckzeit von allein erwacht.
Ungeübt im frühen Aufstehen, vertrödeln Sie trotzdem keine Zeit. Oberflächlich betrachtet verläuft alles reibungslos. Sie befüllen kurz vorm Gehen noch Ihre Thermoskanne und packen die vorbereiteten Pausenbrote ein. Sie gehen den Nachbarn durch den Schlaf. Nur ein paar frühe Raucher ragen aus den Fenstern und frieren oder merken das nicht mehr. In der Straßenbahn stellen Sie sich blind. Wo sind Sie? Egal, würden Sie sagen. Sie lassen sich fahren, es ist die gewöhnlichste Handlung der Welt. Sie rücken, wenn auch nur auf Zeit, so doch deutlicher als zuvor in die Kaserne der Arbeitslebensgesetze ein, es ist eine ernste Sache.
Sie sehen ins Dunkle, rechts von Ihnen befindet sich irgendwann die auf das Bordell am Wasserturm gemalte Frau, unbedarft, drall und fröhlich wie zu jeder Zeit. Die vermissen Sie. Die sollte doch zusteigen, wünschen Sie. Als Sie aussteigen, halten Sie kurz inne, und ja, es ist möglich, viele Jahre

verpasst zu haben, man kann alles und alle vergessen und sich plötzlich wieder erinnern. Dass Sie jetzt verschwinden könnten, das ist die Sorge.

Aber Sie sind ja da. Sie sind Teil einer Gruppe von Mitarbeitern. Sie stehen in der Schlange, tragen die Warnweste noch nicht routiniert.
Vom Ende der Schlange dringen Rufe zu Ihnen durch. Sie drehen sich um. Die Spitze eines Bolzenschneiders ragt knapp über den Köpfen der Mitarbeiter hervor. Die Mitarbeiter hinter Ihnen weichen auseinander, schaffen Platz für den Bolzenschneider, der, das ist schließlich zu sehen, von der Wachfrau getragen wird. Sie ist klein, reicht den meisten nur bis zur Schulter, sie braucht dennoch viel Raum. Sie ruft: Eines Tages werde ich noch einen von euch erschlagen. Dann drückt die Wachfrau von hinten gegen Sie, Sie werden nach vorn geschoben, da merken Sie deutlich, Sie sind ja da, mit Anfang und Ende. Sie drängen zurück, die Wachfrau weicht aus, nimmt einen anderen Weg, drängelt an anderen Mitarbeitern vorbei. Noch immer trägt sie den Bolzenschneider wie eine Stadtführerin einen Schirm.

Sie holen Ihre Kiste aus dem Regal, starren auf die Liste, auf der sich Hans-Peter nicht gefunden hatte, lesen Ihre Arbeitsplatznummer und vergessen sie sofort wieder. Als Norman kommt, sortiert er

Hans-Peter aus. Er sagt: Du wirst woanders gebraucht. Norman sagt, er solle sich an einen der Leads wenden, geht mit den anderen los und verteilt sie auf die Arbeitsplätze, die nun nicht mehr im ruhigeren Winkel der Halle sind, sondern dichter bei den geübteren Mitarbeitern. Eine Sorge weniger, sagt Norman.

Neben Ihnen stehen Kisten mit Spielzeug. Plüschtiere, Stoffpuppen, wenig prägnant, Gesichter zum sofortigen Vergessen, wenn sie nicht so ein bunter Kontrast zur Umgebung wären. Die Tiere und Puppen wirken in dieser großen staubigen Arbeitshalle mit den riesigen braunen Kartons und den abgewetzten gelben Totes wie kreischend bunte Geister oder als habe sie jemand von einem Fest entführt und in die Halle verschleppt.
Alle Puppen und Plüschtiere sind in Tüten verpackt. Jedes Plüschtier, jede Puppe ist in etlichen Exemplaren vertreten. Und jedes Spielzeug hat einen Namen, den es mit allen zu teilen hat, denen es bis ins Detail gleicht. Sie heißen: Meine Freundin Conny, Gildehard Günyburg, Mombel Wombel oder Möre Bröd. Sie schauen allen zwangsläufig ins Gesicht und wollen das nicht, Ihnen ist, als befänden Sie sich auf einer Veranstaltung für eineiige Mehrlinge. Sie geben sich Mühe, die Spielzeuge weder achtlos zu werfen, noch sie mit zu viel Sorgfalt und Zärtlichkeit ins Tote zu legen.

Sie verzählen sich, der Computer piept, wann immer Sie eingeben, was Sie gezählt haben. Sie zählen erneut, wie viel im Tote ist, der Computer piept. Sie müssen auf den Problemer warten. Sie sagen zu Stefanie, die Ihnen gegenüber arbeitet, das klingt doch, als würde er die Probleme machen und nicht wir. Stefanie sagt, ich brauch den auch, hier stimmt was nicht. Der Problemer kommt langsam, das rollende Stehpult vor sich herschiebend, näher. Er lächelt nicht, und nie wird einer der Problemer lächeln. Und nie wird einer wenigstens freundlich blicken. Alle Problemer sind der Probleme und ihrer Verursacher überdrüssig, halten sich für Retter, die endlich herausgefordert werden wollen und nicht tagein, tagaus unterfordert von durch die neuen Mitarbeiter verursachten Schwierigkeiten. Sie wirken, als könnten sie nur von ihresgleichen verstanden werden.

Der Problemer geht zuerst zu Stefanie, wirft Produkte aus dem Tote auf den Tisch, hält dann einen Spielzeug-Arztkoffer hoch, hält ihn direkt vor Stefanie, so dass sie sehen kann, was sie zu scannen vergessen hat. Er scannt den Barcode des Koffers, legt ihn ins Tote und schiebt seinen Wagen zu Ihnen. Er prüft den Inhalt des Totes, sagt, Sie hätten zwei Gildehard Günyburg ins Tote gelegt, jedoch nur einen ins System gebucht. Alle einzeln scannen, sagt er. Aber, sagen Sie. Alle einzeln scannen, wiederholt er.

Nachher kommt er wieder, schleppt sich erneut heran wie ein Sisyphos, dem es ein Leichtes gewesen wäre, den Stein den Berg hinaufzurollen, wenn er nicht ständig von den Fehlern völlig Fremder unterbrochen würde. Sie sagen, ich habe mich wohl wieder verzählt. Besser zählen, sagt er. Er nimmt alle Produkte aus dem Tote, scannt jedes und wirft es auf den Tisch. Er blickt verdrießlich. Nicht werfen, sagen Sie und klingen drohend. Aber alle verzählen sich, das nervt, sagt der Problemer und hält schließlich Mombel Wombel hoch, von dem einer zu wenig im Tote war. Sie müssen in den Kisten suchen, ob Sie noch einen Mombel Wombel finden können. Als Sie einen dieser grünen Hasen finden, wirft ihn der Problemer ins Tote. Sie heben das Tote auf die Palette, die, wenn sie voll ist, ins Lager gefahren werden wird. Dann erst sehen Sie, dass der letzte Mombel Wombel zwar dem anderen sehr ähnlich sieht, jedoch kleiner und folglich falsch eingebucht worden ist und folglich falsch verschickt werden wird. Da geht ein kleiner Hase mit der Produktnummer eines großen auf die Reise. Der Problemer schleppt sich bereits zu seinem nächsten Fall, Sie wollen ihn nicht schon wieder stören.

Später, als Ihre erste selbständig ins System gebuchte Palette von einem Hubwagenfahrer abgeholt wird und Sie auf Norman warten, der Ihnen sagen soll, was nun zu tun sei, setzen Sie sich auf den Rand einer Palette. Ihre Fußsohlen brennen in den Schuhen. Aufstehen, ruft ein vorbeifahrender Hubwagenfahrer, aber Sie ignorieren ihn, wenngleich Ihnen einfällt, dass es verboten ist, auf der Palette zu sitzen, erst recht, wenn keine MDF-Platte auf ihr liegt. Es gehört zu dieser Arbeit, mit jemandem zusammen zu sein, mit dem zusammen zu sein man sich freiwillig nicht aussuchen würde. Aber das, denken Sie, muss ja noch nichts heißen.

In der Pause pulen Sie Pflaster von Ihren Händen ab, um neue anzubringen. Kurz betrachten Sie Ihre Hände. Die sind wund und schmutzig, Sie würden sie gern schonen. Sie denken an die Hände meines Vaters, die waren immerzu schmutzig und rau. Zwei Wochen Urlaub reichten nicht, allen Arbeitsdreck von ihnen zu lösen. Damit der Dreck sich lösen konnte, wusch er jedes Wochenende Socken, tauchte seine Hände in den Waschpastetopf, nahm von der schmierigen, leicht körnigen Waschpaste, rieb die Waschpaste auf die Socken, rubbelte, spülte die Socken aus. Die Arbeiterhände rissen auf und brannten. Sie zeigten rosa Stellen, von denen manche rohes Fleisch waren, es blieben graue und schwarze Streifen zurück. Ich hatte immer angenommen, er habe einfach solche Hände gehabt, ich war nie auf die Idee gekommen,

dass diese Hände durch seine Arbeit entstanden sein könnten.
Sie kriegen jetzt, das sehen Sie deutlich, auch Arbeitshände.

Ihre neuen Hände bewegen Ware, und Ihr Kopf ist ein Zählapparat, der immer wieder abschweift. Sie machen das trotzdem gut. Das wird man Ihnen auch in wenigen Tagen mitteilen und Sie werden damit gar nicht gerechnet haben. Sie machen es sich, würden manche sagen, eben einfach ein bisschen zu schwer. Aber es ist nun einmal so, dass Sie neben einem Karton mit italienischen Modellautos stehen und feststellen, die hochwertig anmuten wollende Verpackung geht bei den meisten Modellen kaputt, die Spiegelfolie hat sich abgelöst, ist auf die Autos gefallen, manche Autos rollen hin und her, sind nicht mehr befestigt. In anderen Packungen ist die Spiegelfolie beschlagen. Was also der Showroom des Modellautos hätte sein sollen, wirkt wie ein vom Unwetter beschädigtes, dann nie wieder aufgeräumtes Autohaus.
Sie rufen den Problemer, dann eben doch wieder den Problemer, wenngleich Sie nicht wollen. Der Problemer sagt, das alles ist nicht wichtig, Hauptsache, das Produkt ist in Ordnung, und das scheint es ja zu sein.
Sie überlegen eine Weile oder überlegen gar nicht, stehen jedoch starr herum und überschauen den

großen Stapel mit den beschädigten Verpackungen. Sie halten schließlich die Schachteln mit der abgelösten Spiegelfolie und den beschlagenen Scheiben in die Höhe und schütteln sie, um die Spiegelfolie an ihren Platz zu zwingen. Ein aussichtsloses Unterfangen, ein Sorgfaltsautomatismus; aber Sie verstehen nicht, warum Sie die Dinge nicht in einen ansehnlichen Zustand bringen sollten. Sie öffnen einige Packungen vorsichtig und befestigen die Spiegelfolie, so gut es eben geht, mit einem schmalen Streifen Klebeband. Der Stapel wird kaum kleiner. Sie geben auf und receiven schließlich auch die Autos in den beschädigten Kartons, ohne sie vorher herzurichten. Sie kneifen ein wenig die Augen zusammen.

Während Sie sich dem Feierabend entgegenarbeiten und müde sind und hungrig und alle Zeit zählen und nochmals zählen und auch das nochmals Gezählte nochmals zählen, sitze ich mit einer Bekannten in einem Café in der Innenstadt. Wir trinken Weinschorle, wir plaudern, wir haben uns eine Weile nicht gesehen. Eine sehr große Frau tritt mit aufgefächerten Flyern in der Hand an unseren Tisch und fragt, ob wir nicht auch zur Lesung kommen wollen, die in zehn Minuten beginne. Wir schütteln den Kopf, danke, sagen wir, wir wollen gleich weiter. Beim Bezahlen sehen wir das Buch, aus dem gleich vorgelesen werden soll:

Endlich wieder Montag! Die neue Lust an der Leistung. Die Bekannte sagt, das Buch hätte den Preis für den schlechtesten Titel verdient.

Ich will sie zum Hotel begleiten, aber wir sind unaufmerksam, gehen viel zu weit. Sie erzählt mir von einem Hotel, in dem sie vor ein paar Jahren übernachtet hatte. Es war eigentlich ein Altersheim, jedoch wurden, wenn die Stadt voll war, Zimmer an Touristen vermietet. Die Bekannte, in der Erwartung, ein Hotel vorzufinden, hatte anfangs nichts bemerkt, jedoch einen deutlichen Geruch im Zimmer festgestellt, den Altengeruch, und war erst im Speisesaal inmitten der alten Leute darauf gekommen, dass sie sich erstens im Altersheim befinden musste und dass zweitens im Altersheim nur Zimmer zuvor Verstorbener vermietet werden können. Die Alten um sie herum waren also keine Reisenden, das wiederholte sie und verstand noch immer nicht, wie sie das nicht gleich beim Einchecken hatte bemerken können. Vielleicht, sagt sie, hat mich der Name des Hotels abgelenkt. Avantgarde, sagt sie, wie soll man da auf ein Altersheim kommen.

Wir erreichen dann doch noch das Hotel, und Sie steigen geschafft am Hauptbahnhof aus der Straßenbahn. Ich hole Sie ab, redelustig. Ich plaudere auf Sie ein, ich erzähle Ihnen von Hannah Arendt und davon, wie der Mensch als Anfang auf die

Welt kommt und dass der Mensch die Fähigkeit zum Anfang hat. Immer und immer wieder. Sie hören mir gar nicht richtig zu, aber ich rede weiter und wiederhole, was Pollesch in einem Gespräch sagte, nämlich, dass diese falschen Aktivitäten aufhören müssen, „mit denen wir uns vormachen, dass wir mitmenschlich und menschlich miteinander umgehen" und dass wir „wenn wir spätestens nach einer Woche merken, es ändert sich nichts" erkennen müssen, die falsche Aktivität gewählt zu haben. „Dann muss die aufhören, dann muss ne andere gestartet werden, die ne Chance hat, etwas zu verändern."

Sie sehen so müde aus und eingestaubt. Sie sagen: Das funktioniert doch nicht.
Ich habe vielleicht einen schlechten Zeitpunkt gewählt. Ich lasse mich ein wenig zurückfallen, gebe Ihnen Vorsprung, dann rufe ich: Was funktioniert denn schon!

Sechs

Es geht Ihnen eigentlich ganz gut.

Es geht Ihnen ungefähr so wie mir, als ich in den Semesterferien vor einigen Jahren bei Quelle im Versandlager jobbte, damals, als es Quelle noch gab. Ich gab mir Mühe, nicht zu langsam zu sein. Aber ich gab mir keine außerordentliche Mühe. Ich brauchte Geld, aber ich war nicht verzweifelt. Ich klaubte im warmen Lager bestellte Ware aus den Kisten, ich verlief mich zwischen den Regalen, war aber trotzdem schnell und klebte auf jede Verpackung ein Etikett, damit das Produkt später den richtigen Weg zum richtigen Kunden nehmen würde, ich klebte nie ein Etikett auf den Grünen Punkt, das war verboten. Am Nachmittag traf ich Freunde oder auch nicht. Ich kaufte mir bergeweise Pfirsiche und schlief früh ein. Das ist nicht viel, aber das ist auch nicht nichts. Ich wusste die ganze Zeit um die Endlichkeit dieses Jobs, und ohnehin hatte ich Pläne, ein großes Eigentliches, das noch vor mir lag. In der zweiten Woche verpasste ich meine Mitfahrgelegenheit zum Versandlager, denn mein Bus zum Treffpunkt hatte Verspätung gehabt. Eine Minute. Ich stand auf dem Marktplatz und hatte keine Chance, zum Versandlager zu kommen. Ich rief dort an, erreichte niemanden. Ich fuhr zurück ins Wohnheim, legte mich, weil mir nichts Besseres einfiel, noch einmal hin, schlief kurz, frühstückte in Ruhe, machte mich dann, frisch und erholt, auf den Arbeitsweg, der ziemlich viel Zeit in Anspruch nahm. Ich entschuldigte mich beim Vorgesetzten, der müde aussah und nach durchfeierter Nacht roch. Er nickte, ich arbeitete bis zur Mittagspause, dann sollte ich in das gläserne Vorgesetztenbüro kommen. Wer weiß, dachte ich. Vielleicht dachte ich sogar an eine Beförderung. Im Büro standen vier Frauen in Kittelschürzen, ich stellte mich daneben. Wir waren eine Schlange, die der Vorgesetzte, dessen Augen stark gerötet waren, zu erledigen hatte. Er kündigte jeder von uns in Leserichtung. Er konsultierte seine Tabelle, sagte etwas zum Arbeitstempo, sagte dann: Wir verabschieden uns von Ihnen. Er sagte zu mir: Sie haben sehr gute Werte erzielt. Wir verabschieden uns von Ihnen. Ich sagte gedanklich sehr viel, aber tatsächlich nichts. Ich ging aus dem Büro, machte Mittagspause, ging dann zurück zu meinem Arbeitsplatz, arbeitete weiter und wusste auch nicht genau, warum ich nicht einfach abbrach und nach Hause fuhr. Ich arbeitete so genau wie zuvor, aber ich klebte die Etiketten auf die Grünen Punkte. Das war nichts, was irgendwem auffallen würde, aber für mich war es eine große Sache. Ich schwieg mich vor mir selbst und vor allen anderen darüber aus, dass ich gefeuert worden war. Ich suchte mir einen Job in einer Pizzeria, wo ich für fünf Mark pro Stunde viele Zwiebeln schneiden und Salate herrichten musste.

Und Sie, bitteschön, haben noch ein wenig Geduld, gleich wird es auch Ihnen schwer werden und man wird Ihnen ein paar Grenzen aufzeigen, die nicht Ihre eigentlichen Grenzen sind, aber es sind die Grenzen der Welt, in der Sie nun gerade die sind, die ich war. Gleich werden Sie vollständiger in meine Rolle schlüpfen müssen, werden das nicht mehr so nebenbei abarbeiten können. Werden dann also receiven, die Ware wuchten und zählen, zählen und zudem ich sein müssen, der nichts hier rein, da raus geht, die das aus Prinzip nicht lernen kann. Sie werden so deutlich in Ihrer Rolle sein, dass ich Ihnen applaudieren würde, und vielleicht werde ich das tun. Ja, sicher, ich werde das tun, und ich werde allen applaudieren, die aus ihrer Haut fahren, wo unbedingt aus der Haut gefahren werden muss, denn, um es mit Chris Köver zu sagen: „Man merkt schon, das mit der Lässigkeit geht nicht ganz auf."

Sie als pragmatischer Frühschichtmensch, der sich in der Woche eingefunden hat und die Woche nun abarbeitet, so wie sich alles abarbeiten lässt, gehen schnurstracks, wenn auch ein wenig fröstelnd, durch den dunklen Morgen und schauen auf jede Uhr, der Sie begegnen. Was ist das nun für eine Zeit? Es ist eine Zeit, in der Sie nahezu all Ihr Augenmerk auf die Uhrzeit richten, aber das fällt Ihnen noch nicht auf.

Es ist jedenfalls Zeit, den Spindschlüssel umzuhängen und die Wasserflasche vor der Schicht aufzufüllen. Das machen Sie jetzt auch schon routiniert. Sie bedienen den linken Hahn, aus dem stilles Wasser in Ihre Flasche fließt. Ein Kollege tritt hinzu und bedient den rechten Hahn, füllt seine Flasche mit Sprudelwasser. Er steht sehr dicht, so macht man es hier eben. Sie drücken Ihren rechten Ellenbogen gegen den Bauch des Kollegen, aber der scheint das gar nicht zu bemerken. Sie drücken noch mehr, Ihre Flasche läuft nun über, *nicht schlafen*, sagt der Kollege und klappt den Deckel seiner Flasche zu. Er hat nicht bemerkt, dass Sie sich breiter gemacht haben. Sie lachen, nehmen einen großen Schluck aus der Flasche, passieren geschmeidig die Schleuse. Heute haben Sie einen Schritt, der führt Sie in ein Tempo wie über alle hinweg, aber Sie gehen inmitten aller, und an Ihnen liegt es nicht, dass unten an der Stechuhr ein Stau entsteht, Sie haben den Ausweis zur Hand, halten ihn im Vorbeigehen vor den Sensor. Es liegt an anderen, die neuer sind als Sie, die erst studieren müssen, was das Display zeigt, die warten, dass das Display deutlich formuliert anzeigt, dass diese Einbuchung vorgenommen wurde. Sie machen kleine Geräusche des Genervtseins, drängeln ein wenig, aber Sie sind nicht so schnittig wie jene, die an den Wartenden vorbeiziehen und wirklich im Vorbeigehen den Ausweis vor den Sensor halten, so schnell, dass jener neue Mitarbeiter, der da gerade die Displayanzeige studiert und den Ausweis langsam zum Sensor führt, es gar nicht bemerkt.

Und nun: Dinge, ach ja, Dinge. Wegen all der Dinge, die es gibt, und die irgendwer kaufen möchte oder kaufen soll, sind Sie ja hier. Seltsame Waren in Ihren Händen, zum Beispiel dieses Basecap, das bereits dermaßen abgenutzt daherkommt, dass es kaum noch zusätzlich abgenutzt werden kann. Mode im Used- oder Destroyed-Look, Sie verstehen schon, aber dieses Cap ist nur noch ein zerfleddertes Ding, eher etwas für die Anhänger einer radikalisierten Beschleunigung des Warenkreislaufs, die also nur kaufen, was weggeworfen werden muss, weil es als benutzbares Produkt versagt, allein zur Geld- und Materialbewegung taugt. Das Cap trägt einen Iron-Maiden-Schriftzug und ist aus der Tüte gerutscht. Sie meinen fast, die Schmierigkeit von Schweiß, der sich mit Staub vermengt hat, zu spüren. Sie sind versucht, es kurz aufzuprobieren, vielleicht, weil es wie etwas auf der Straße Gefundenes wirkt, für das Sie noch Verwendung haben könnten. Vom Nachbartisch ruft ein Kollege, vor zwei Wochen wurde einer gefeuert, weil er ein Skateboard ausprobiert hat, das er eigentlich hätte receiven sollen. Sie nicken, stopfen das Basecap zurück in die Tüte, kleben diese zu.

Viele der Produkte, die Sie receiven, sind weiter gereist als Sie in den letzten fünf Jahren. Sie bearbeiten nun Tassen, die in Santa Monica, USA, entworfen, in China hergestellt, bedruckt und verpackt wurden, anschließend in Frankreich zum Verkauf angeboten, nun als Weihnachtsmarge von Amazon Frankreich zu Amazon Deutschland geschickt worden sind. Eine Wohltätigkeitstasse, steht in der Produktbeschreibung, auf den Tassen von Stars gezeichnete Selbstporträts. Sie scannen wie üblich den Strichcode, der Computer meldet, das Produkt müsse zum Sample Center, weil es noch nicht dem Falltest unterzogen wurde. Also tragen Sie die Tasse in der Pappschachtel zum Sample Center. Der Mitarbeiter dort betrachtet die Schachtel, erhebt sich, lässt sie aus einem Meter Höhe auf den Boden fallen. Er hebt die Schachtel auf, dreht sie so, dass sie mit einer anderen Ecke zuerst auf dem Boden aufschlagen wird. Sie sehen gespannt zu. Der Mitarbeiter wiederholt den Test. Erst beim letzten Durchgang klirrt es in der Packung. Na ja, sagt der Mitarbeiter, wollen wir mal nicht so sein. Die hat bestanden. Er schnieft, hat Schnupfen. Auf seinem Arbeitsplatz liegt eine geöffnete Brotdose, darin zwei doppelte Stullen, eine ist angebissen. Sie haben auch Hunger, dürfen aber nichts mit in die Halle bringen. Sie tragen die Tasse zurück zu Ihrem Arbeitsplatz, diese weit gereiste Tasse, die nun in Scherben gesprungen in der Packung klirrt.

Sie buchen die anderen Tassen in das System und fragen sich, wer kauft diese Tassen, wer kauft all die anderen Dinge. Inmitten der für den Verkauf vorzubereitenden Produkte werden Sie nicht gierig auf Dinge, sondern immun dagegen. Sie sehen das Lächerliche eines reflexhaften Konsums dermaßen deutlich vor sich, und sind nicht wie ich, die ich einmal als sehr gut bezahlte, einzige Angestellte eines cholerischen Chefs all das schwarz verdiente Geld nahezu sofort wieder ausgab und alle möglichen Dinge kaufte. Ich mochte dieses Geld nicht, kam aber nicht auf die Idee, den Job zu kündigen. Der Chef lief immerzu Gefahr, ins Gefängnis zu müssen, floh vor Gläubigern aus dem Fenster, über die Garagendächer hinweg. Ich hatte nichts zu tun, außer ihn am Telefon und vor unangemeldeten Besuchern zu verleugnen, ihm nie auf einmal, sondern nacheinander über den Tag verteilt, vier gekühlte Proseccoflaschen am Kiosk um die Ecke zu kaufen und täglich achteinhalb Stunden auf den einen, den einzigen abzutippenden Brief zu warten. Ich langweilte mich, bis ich vor den Augen des Chefs mein erstes Buch zu schreiben begann, was ein wenig half. Nach der Arbeit musste ich das Geld loswerden. Ich hätte es spenden können, aber ich musste es in Dinge verwandeln, die ich nicht brauchte, aber besitzen wollte und die nicht zu mir passten.

Würde man Sie fragen, was Sie derzeit brauchen, würden Sie vielleicht sagen: Da ich ja unbedingt einen Job brauchte, also weniger einen Job brauchte als Geld, will ich mich, da der erste Zahltag näher rückt, mal nicht beklagen. Was ich brauche, werde ich bald schon wieder haben.
Und ich sage etwas fragend mit Friederike Mayröcker:

> du brauchst einen Baum du brauchst ein Haus
> keines für dich allein nur einen Winkel ein Dach
> zu sitzen zu denken zu schlafen zu träumen

Ja ja, sagen Sie, aber genau genommen reicht das doch nicht. Und sicherlich haben Sie Recht.

Sie sehen sich die Tassen mit den Porträts von George Clooney, Madonna, Robbie Williams und so weiter genau an und legen sie langsam ins Tote. Es ist sehr leicht zu erklären, warum es diese Tassen gibt, warum sie herumreisen und gekauft werden oder gekauft werden sollen. Aber jede dieser Tassen und die meisten der Produkte sind schon bei gar nicht so genauer Betrachtung zum Gähnen.

Später werden Sie wieder Dinge mögen, so wie ich jetzt, werden zwar weniger Dinge als zuvor mögen, aber werden sie kaufen oder kaufen wollen. Ja, Sie mögen Geld. Das Geld, das Sie haben oder haben sollten. Vorerst aber sitzen Sie kurz auf einer Palette, betrachten die neben Ihnen stehende Palette mit Kinderfahrgeräten, die etliches auf einmal sind: Ein Stuhl zum Schieben, eine Art Laufrad und ein Auto. Sie warten ein bisschen, bevor Sie auch diese Ware einbuchen und vermuten: Das Über-Ich ist ein Ding aus lauter Dingen.

Neben Ihnen, das ist die Aufgabe vor der Mittagspause, eine Kiste zum Lachen und Verzweifeln groß, eine Kiste, die Sie wie ein winziges Menschlein wirken lässt, eines, das reich beschenkt worden ist und sich auf die Zehenspitzen zu stellen hat, um das Geschenk überhaupt öffnen zu können. Mit dem Cutter entfernen Sie die Deckelklappen, die sind sperrig wie Fensterläden. Im Karton befinden sich kleine rote Plastikkoffer: Nothilfesets gegen langweilige Kleider für Kinder mit beigefügtem

Kinderhandy. Der Koffer enthält laut Abbildung Pailletten, Sticker, Schleifen zum Aufkleben und eine Figurine, mit der alle Bekleidungsnothilfe probiert werden kann.

Es gibt alles, falls das noch Ihre Frage sein sollte. Es gibt wirklich alles, und man kann es kaufen.

Nachdem Sie sich die Hände gewaschen haben, stellen Sie sich beim Kantinenkoch an, bekommen wohlig weiche Nudeln mit Wurst-Tomaten-Soße. Sie essen jetzt schon viel schneller als am Anfang Ihrer Saisonarbeit. Man könnte sagen, Sie schaufeln das Essen in sich rein. Sie haben schon zur Hälfte aufgegessen, da setzen sich Stefanie und Grit zu Ihnen, packen ihre mitgebrachten Stullen aus, knüllen die Alufolie zu kleinen Kugeln zusammen. Ob Sie Hans-Peter mal wieder gesehen haben? Nein, sagen Sie. Stefanie sagt, der soll jetzt an der Müllpresse sein, aber genau weiß sie es auch nicht. Wer weiß, sagen Sie und kauen weiter. Es passt viel in Ihren Magen hinein. Während sich Ihr reichlich gefüllter Teller leert, schielen Sie nach den Speisen, die die Kollegen vom Tresen zu den Tischen tragen. Stefanie und Grit stehen auf, wollen eine Zigarette rauchen gehen und bitten Sie, auf ihre Flaschen und den restlichen Proviant aufzupassen. Als die beiden nach fünf Minuten nicht zurück sind, stehen Sie auf, tragen Ihren Teller zum Geschirrwagen und verlassen die Kantine. Niemand hat alle Zeit der Welt, aber wer nur eine halbe Stunde Pause hat, in der auch der Weg zum Pausenraum und der Weg zurück zum Arbeitsplatz geschafft werden muss, hat zu wenig Zeit, um sie mit Warten zu verbringen.

Sie erneuern die Pflaster an Ihren Händen. Daumen, Zeige- und Mittelfinger beider Hände haben Nietnägel bekommen vom vielen Greifen in Totes und Kartons und vom Schneiden und Zusammenfalten der Pappen. Harmlosigkeiten, die dennoch jeden Handgriff erschweren. Sie hören das Wort *Schichtabbruch*, obwohl es niemand benutzt, Sie sehen sich um, oh, denken Sie, interessant. Und natürlich, da liegt schon ein Wunsch in Ihnen: Es möge jeden Tag, am besten schon gleich nach Schichtbeginn, ein Schichtabbruch ausgerufen werden. Bevor Sie weiterarbeiten, gehen Sie aufs Klo, und das ist nur der Anfang eines Rückzugs, eines partiellen Einzugs auf das Klo, das Ihnen bald vorkommen wird wie ein Ort, der Ihnen hier, in dieser riesigen Halle, wenigstens ein bisschen gehört. Der nicht einsehbar ist, wo niemand Sie kontrolliert, wo es ruhig und nicht allzu hell ist.
Ein Ort, vergleichbar mit Ihrer Mitarbeiterkiste, in der Sie neben Pflastern, Haarbändern und Bonbons

nun auch auf gelben Post-its mit Bleistift angefertigte eilige Notizen aufbewahren. Die Versandhalle ist, falls Sie nicht ohnehin schon schreiben, ein guter Ort, um mit dem Schreiben zu beginnen. Geradewegs der beste. Sie brauchen ja Rettung, und so noch nicht jetzt, dann gleich.

Bis dahin aber receiven Sie Werkzeugkoffer, die so schwer sind, dass Sie sie eigentlich nicht allein bewegen dürften. Sie receiven Aquarien und Leuchtgloben, Sie können das jetzt. Wenngleich Sie noch nicht alles über diese Arbeit wissen, wissen Sie doch genug, um sie gut ausüben zu können. Sie haben die Abläufe verinnerlicht. Leider gibt es keine nächste sinnvolle Lektion, Sie können hier nicht weiterblättern zu einem neuen Kapitel, das Ihnen frischen, interessanten Stoff bietet. Sie verharren auf diesem Level und sehen sich um, das tun hier vermutlich alle. Es geht um schiere Dauer, um Anwesenheit, um die Übersetzung Ihrer Zeit und Kraft in Geld.

Während Sie also denken, nun hätten Sie sozusagen alles in Sack und Tüten und müssten eben nur noch die Tage rumkriegen, bereitet sich eine Erfahrung vor, ein kleines Intermezzo, auf das ich gern verzichtet hätte, das ich aber trotzdem mit Ihnen teilen will:

Neben Ihrem Arbeitsplatz steht die Palette für die Cubi-Totes. Produkte, die neu im Versandlager sind und noch nicht vermessen wurden, kommen ins sogenannte Cubi-Tote, dieses wird auf eine Palette am Cubi-Tote-Sammelplatz gebracht, von denen es mehrere in der Halle gibt. Ist ein Sammelplatz gefüllt, sucht man sich einen anderen. Gegen Schichtende werden die Paletten mit den Cubi-Totes abgeholt und zum Vermessen gefahren. Auch neben Ihrem Arbeitsplatz befindet sich eine solche Palette für Cubi-Totes, die Palette ist sehr voll, es wurde über die Höchstgrenze hinaus gestapelt. Schiefe Türme neben Ihnen, die zudem wackeln, weil die unterste Schicht nicht aus Totes besteht, sondern aus Kartons, die dem Gewicht der auf ihnen abgestellten Kisten nicht standhalten. Ein Boxsack steht schief an die ohnehin schwankenden Totes gelehnt. Sie rückten den Boxsack am Vormittag zurecht, damit er nicht umfällt und alles mit sich zieht, Sie tun das auch jetzt. Von weiter links kommt ein Mitarbeiter mit einem Cubi-Tote und stapelt es auf einen der wackelnden Türme.
Sie sagen: Das fällt gleich um.
Er winkt ab und sagt: Das interessiert doch eh keinen.
Sie sagen: Doch, mich interessiert das.
Er winkt nochmals ab und wendet sich zum Gehen.
Sie werden sofort wütend. Sie bemühen sich um einen ruhigen Ton, sagen ihm, er solle sein Tote

doch bitte sicher abstellen oder besser gleich woanders. Wenn es umfällt, sagen Sie, fällt es mir auf die Füße. Der Kollege sieht Sie an, als stünden Sie am anderen Ende eines langen Tunnels, als müsste er den Blick schärfen, um Sie überhaupt erkennen zu können.

Es geht aber nicht besser, sagt er, die Palette ist voll.

Dann trag es doch zu einer anderen, sagen Sie.

Für weite Wege werde ich nicht bezahlt, sagt er und geht.

Sie sehen ihm hinterher und nehmen sich Zeit, jetzt müssen Sie ganz langsam sein, wenngleich oder gerade weil Ihnen danach ist, ihm hinterherzurennen, ihn zurückzuholen, damit er sein Tote wieder mitnimmt. Er zieht von dannen, *der geht einfach*, denken Sie. Seine Hose hängt locker, ist staubgrau am Gesäß, unter seinem T-Shirt zeichnet sich die Kontur eines Unterhemdes ab. Sie sind nun vermutlich versucht, wie der Kollege abzuwinken, aber Sie sind ja ich, also geht das nicht. Sie nehmen sein Tote, darin ein Kinderwecker, eine Thermoskanne und eine Einwegkamera, und tragen es mit kräftigen Schritten in seine Richtung. Sie sagen: Hier, bitte. Sie wollen jetzt alles deutlich, deutlicher als deutlich.

Er sagt: Du hast sie ja wohl nicht mehr alle.

Sie bestehen darauf, dass er Sie siezt, drehen sich ab und gehen mit dem Tote durch die Halle, um einen Platz dafür zu suchen. Ihnen zittern die Hände, und Sie schämen sich.

Sie können jetzt aber nicht mehr zurück. Sie räumen die neben Ihrem Platz stehende Palette leer, sortieren sie um. Unten die Totes, oben die Kisten. Den Boxsack schleifen Sie zu einer anderen Cubi-Palette, die leer ist, lediglich etwas versteckt. Nun wackelt nichts mehr. Sie receiven weiter, Küchenutensilien in Silber, Sie sehen nicht so genau hin, Sie zittern noch, sind aufgewühlt, da tritt der Kollege, ohne dass Sie sein Kommen bemerken, an Sie heran.
Du hast jetzt nicht wirklich umgeräumt, oder, fragt er.
Jetzt fällt nichts mehr um, sagen Sie.
Der Kollege schlägt sich an die Stirn, Sie fassen die Haarsträhne, die durch den Schlag seiner Hand nun an seiner Stirn klebt, in den Blick.
Du hast doch einen Schaden, sagt er.
Sie sehen ihn fragend an.
Er wiederholt, dass Sie einen Schaden haben.
Da brüllen Sie: Hau ab, hau einfach ab.
Er steht in Ihrem Territorium, jetzt eignen Sie sich eine Zone an, weil Sie eine brauchen, für diesen Moment gehört Ihnen dieser Arbeitsplatz im dunkleren, ruhigeren Bereich der Versandhalle. Der Kollege hält kurz inne, schüttelt dann den Kopf und geht.

Sie sind in eine Angelegenheit verwickelt, die mit Fähigkeiten in interkultureller Kommunikation leichter behoben werden könnte.
Sie sind wie ein Bergarbeiter, der den Fels mit einem groben schweren Hammer bearbeiten will, der einen Hammer anhebt, den er kaum tragen kann, und diesen Hammer mit voller Kraft auf den Stein prallen lässt, aber kein Bröckchen lösen kann. Sie hoffen auf schnelle Erfolge, wo einzig kontinuierliche, leichte Arbeit am Stein möglich und nötig ist.
Sie receiven Käsereiben und verzählen sich dreimal.

Sie drehen eine Runde und verstecken sich auf dem Klo. Dort weinen Sie nicht die innerlichen Tränen der erfahreneren Arbeitnehmer, sondern weinen innerlich und äußerlich zugleich.
Nach einer Weile beruhigen Sie sich und fragen sich, was da eigentlich passiert ist. Was für eine Aufregung, denken Sie und beschließen: Sie sollten das handhaben wie der beim ersten Versuch gescheiterte Held eines höfischen Romans: Sie müssen nochmals ausreiten und diesmal klüger handeln.
Sie gehen zurück zu Ihrem Arbeitsplatz, die volle Cubi-Palette wurde mittlerweile durch eine leere ersetzt und auch Sie wollen zurück zu einem Anfang. Sie bemerken, dass der Kollege Sie betrachtet, so gut man jemanden aus den Augenwinkeln

betrachten kann. Sie gehen mit schnellen Schritten auf ihn zu. Er richtet sich auf.
Sie sagen: Ich möchte mich entschuldigen. Ich wollte nicht brüllen. Für dieses Brüllen entschuldige ich mich.
Der Kollege lässt Sie ausreden. Dann sagte er: Du hast den Boxsack wirklich von der Palette genommen und durch die halbe Halle geschleppt?
Sie zucken mit den Schultern.
Der Kollege sagt: Dieser Boxsack hat zu den Teilen in den Kartons gehört. Das war ein Produkt. Du hast ein Produkt in Einzelteile zerlegt, nun kann das niemand mehr zusammenfügen. Du hast totales Chaos angerichtet.
Er winkt schon wieder ab.
Sie erröten und sagen: Aber wenn du das gesehen hast und wusstest, dass es falsch ist, hättest du mir das doch sagen können, dann hätte ich das nicht gemacht.
Er sagt: Mit dir konnte man doch gar nicht reden.
Doch, denken Sie, und ich stimme Ihnen zu, man kann mit Ihnen reden. Mit Ihnen kann man immer reden, egal, wie Sie wirken, Sie sind nämlich empfänglich, nur nicht für Ignoranz empfänglich.
Sie sagen nichts, Sie stehen nur und starren, unternehmen die größten Aufrichtungsmaßnahmen, damit Sie nun nicht vor seinen Augen zerfallen oder erneut in Wut ausbrechen.

Der Kollege sagt: Das gibt schöne Probleme beim Cubi, die suchen dann alles.
Sie sagen: Ich wollte mich jedenfalls dafür entschuldigen, dass ich dich angebrüllt habe.
Sie drehen sich um und gehen. Er hat den größtmöglichen Zugang zu Ihnen.
Sich keine Blöße geben, denken Sie. Mir vor dem keine Blöße geben. Mir vor allen hier keine Blöße geben. Aber was ist eine Blöße, und was ist keine Blöße. Sie holen sich eine MDF-Platte vom Stapel in der Hallenecke, ziehen diese hinter sich her, Sie altes müdes Schaf, das in seiner Müdigkeit nun allen Sinn sieht, und diesen Sinn mit Platz versorgen muss. Sie legen die MDF-Platte auf die Palette, setzen sich und denken: Ich gebe mir die Blöße. Ich gebe mir Blöße und ich nehme mir Blöße. Sie verstehen sich selber nicht.
Sie legen sich auf die Palette. Wenn jemand fragen sollte, würden Sie sagen, Ihnen wäre ein wenig schlecht. Sie starren nach oben in die Tageslichtlampen, füllen Ihre Augen mit dem kühlen Licht und lassen das Nachbild, ein kleines lila Hörnchen, das neongrün wird, wenn Sie die Augen schließen, über die Hallendecke wandern.

Der Traumjob im Moment für Sie: Werkspion ohne Spionageauftrag, der Traumjob: Anwesende, nicht von Belang, die Spaziergängerin von Amazon.

Und einige Arbeitnehmersätze lauten:
Man darf sich das nicht zu Herzen nehmen.
Man muss sich eben durchbeißen.
Man muss auch mal was in Kauf nehmen.
Du bist doch nicht aus Zucker.
Das ist alles ein Mist.
Das haben die da oben sich ja wieder schön ausgedacht.
Wenn ich erst im Lotto gewonnen habe, dann sieht mich hier kein Schwein mehr.

Nach Feierabend stehen Sie im letzten Quäntchen Tageslicht an der Haltestelle, ziehen weite Kreise um die anderen wartenden Kollegen. Gleich schon geht die Sonne unter, der kürzeste Tag des Jahres ist noch nicht erreicht. Die Bahnen fahren von rechts nach links, aus der Innenstadt zum Stadtrand. Vom Stadtrand jedoch kommen keine Bahnen.

Wohin also? Weg!
Sie gehen los, bereit, bis in die Stadt oder wohin auch immer zu gehen. Kaum gehen Sie los, fahren die Bahnen wieder. Sie warten an der nächsten Haltestelle, lassen eine Bahn ziehen, weil sie so voll ist.

Die nächste Bahn ist leer. Sie holen Ihre Thermoskanne aus der Tasche und trinken mit angezogenen, gegen den Vordersitz gelehnten Beinen Tee. Fünf junge Männer in weißen Arbeitshosen steigen zu, setzen sich in Ihre Nähe und führen eine Szene auf, eine Feierabendszene, die immer aus diesen Männern und einer Frau in Sicht- und Hörweite besteht. Einer von ihnen ist ein etwas minderbemittelter, bebrillter Mann, der über alles lacht, was die anderen ihm sagen.

Die Männer sagen zum Bebrillten:

oh blas mir einen
ja leck mich
mach die doch scharf, die steht bestimmt auf dich
blas mir einen
du bist schwul
nee du bist schwul
Schwanz
langer Schwanz
längster Schwanz
null Schwanz
geile Tussi

Sie denken, ich schlage denen gleich mit der Thermoskanne auf die Köpfe. Sie sitzen äußerlich ruhig, haben die Augen geschlossen, aber tatsächlich schlagen Sie denen gleich mit der Thermoskanne auf die Köpfe.

Und Sie haben vollkommen Recht, denn, wie nochmals Chris Köver sagt: „... die gesunde Reaktion auf all diese Umstände ist nicht etwa Coolness, sondern Wut. So ein richtig tief gehendes Angepisstsein. Wut ist etwas, das Frauen ungern zugestanden wird, weil es das Gesicht so unschön verzerrt, und nicht so sanftmütig rüberkommt. Wut lässt sich allerdings hervorragend in die Energie übersetzen, die es braucht, um gegen die Dinge vorzugehen, die diese Wut auslösen."

Es ist eben so: Sie sind jetzt erledigt, nicht nur körperlich, sondern auch Ihr Kopf, der zugleich ein bisschen Ihr Herz ist, hat Schaden genommen. Oder Ihr Herz, das zugleich ein bisschen Ihr Kopf ist, hat Schaden genommen.
Und ich, stelle ich fest, habe Ihnen nicht einmal dann, als es am nötigsten war, applaudiert. Das habe ich einfach vergessen.

Sieben

Sie finden sich am frühen Abend in einer unbequemen Haltung auf dem Küchenstuhl sitzend vor. Nach der Arbeit sind Sie, während Sie auf das Teewasser warteten, in der Küche eingeschlafen, der Schlaf hatte Sie eingeholt, aber nicht gut auf Sie achtgegeben. Ihre Spiegelung in der Fensterscheibe zeigt eine glänzende Stirn, gerötete kleine Augen, darunter dunkle Ringe, brennende Wangen. Gegenüber, im Versammlungsraum von PriceWaterhouseCoopers wird eine Weihnachtsfeier vorbereitet, da sehen Sie zu, unfähig sich zu bewegen. Sie stehen nur und frieren, holen sich schließlich ein Fieberthermometer. Staunend stellen Sie fest, ziemlich hohes Fieber zu haben. Sie legen sich ins Bett. Ich bringe Ihnen Tee hinterher. Sie zittern, ich bringe Ihnen auch noch alle Decken, die ich finden kann. Ich weiß, was man tun muss, wenn einer krank ist. Ich wickele Ihnen lauwarme Tücher um die Beine, nicht zu kalte. Sie schlafen sofort ein und sind etwas Schweres in diesem Bett, sind fast die Bürde des Bettes.

Gegenüber bei PriceWaterhouseCoopers flanieren Mitarbeiter im Gespräch durch den hell erleuchteten Raum. Einer sitzt am Tisch neben dem Whiteboard, hat die Beine ausgestreckt auf dem Tisch abgelegt. Eine Frau schenkt Glühwein aus einem großen Kübel aus. Alle haben ihre Ärmel aufgekrempelt. Aber das sehen Sie nicht. Sie schlafen in Ihrem Bett, das jetzt nicht Tracey Emins Bett ist, sondern das saubere und sortierte und frisch bezogene Bett für eine Kranke; Sie schwitzen und frieren zugleich.

Ich, die ich selten krank bin, die ich überhaupt kein Interesse daran habe, krank zu sein, denke an einen Bekannten, einen Psychotherapeuten, der eine einfache Rechnung aufmachte: Wenn er krank ist, wird er, abhängig davon, welcher Arbeit er in den nächsten Tagen nachgehen muss, schnell oder langsam gesund. Muss er in die Klinik, wo er als angestellter Therapeut arbeitet, bleibt er durchschnittlich vier Tage krank und kommt dann noch immer hustend zurück zur Arbeit. Will er jedoch in seine eigene Praxis, um dort mit Patienten zu arbeiten, die er allein betreut, und deshalb von niemandem Behandlungsziele übernehmen und undiskutiert umsetzen muss, genügt zumeist eine Nacht mit gutem, tiefem Schlaf. Am nächsten Tag kann er seine Arbeit fortsetzen, zwar auch hustend, aber ansonsten kaum eingeschränkt. Er könne also manchmal eine Krankheit im Schlaf erledigen und manchmal nicht und das finde er ja nun mindestens interessant, und hoffe, bald nur von der eigenen Praxis leben zu können.

Als Sie mitten in der Nacht erwachen, ist das Fieber weg.
Ich erkenne genau, wie Sie sich fragen, wo um alles in der Welt diese Krankheit jetzt wohl hin ist, die wird sich doch nicht nur die Nacht mit Ihnen um die Ohren geschlagen haben, die wird sich doch nicht, ohne etwas von sich dagelassen zu haben, davongestohlen haben, so dass Sie, viel zu schnell gesund geworden, zur Arbeit gehen müssten.
Aber ich kann Sie beruhigen: Sie haben Gliederschmerzen und einen entzündeten Hals. Sie haben auch Kopfweh und Husten. Man kann sehen und hören, dass Sie krank sind.

Sie knien sich auf das Bett, blicken durch die kahlen Zweige der Platane im Hinterhof, irgendwo weint ein Kleinkind und weiter vorn fährt eine der ersten Straßenbahnen. Bei PriceWaterhouseCoopers, wo es bis eben noch dunkel war, geht in der ersten Etage das Ganglicht an. Die Putzfrau betritt ein Büro, die Neonröhren flackern, die Putzfrau verrichtet ihre schnelle Arbeit, entleert die Papierkörbe in einen Rollbehälter auf dem Gang, sieht sich kurz und routiniert um, löscht das Licht, schließt die Tür, zieht weiter in den nächsten Raum, der das Versammlungszimmer ist. Dort hält sie inne und scheint nicht zu wissen: Gehört es nun zu ihrer Aufgabe, die Reste dieser Feier zu entfernen, diesen Raum wieder so herzurichten, als hätte dort kein Fest stattgefunden? Oder muss sie sich wie stets nur um die Papierkörbe und das Säubern des Whiteboards kümmern? Wenn sie den Versammlungsraum aufräumt, kommt sie aus dem Rhythmus, dann schafft sie es nicht, die anderen Räume bis 6 Uhr zu reinigen, dann bleibt Arbeit übrig. Diese Putzfrau, sehen Sie, ist eine entschiedene: Nach einem kurzen Rundgang durch den Raum, dem Griff in eine Schüssel, in der sich vermutlich Chips befinden, tut sie nicht mehr als das Übliche, lässt das unaufgeräumte Fest an sich abperlen.

Ich hatte schon viele Jobs, und Sie vielleicht auch. Sie haben auf jeden Fall meinen Saisonarbeitsjob bei Amazon, der vollkommen genügt, um alles zu erfahren, was man über die Arbeitswelt in ihrer geläufigsten Ausprägung erfahren kann.

Lesend überbrücken Sie die Zeit bis 5.30 Uhr. Dann müssen Sie beim Vorgesetzten anrufen und sich krank melden. Ihre Augen huschen vollkommen unbeeindruckt über die immergleichen Zeilen, Sie fahren diesen Satz von Eva Meyer auf und ab: „Wenn der Raum zu eng wird, ist es Zeit, in die Zeit auszuweichen. [...] Stellen Sie sich also vor, wir könnten diese Grenze chronopolitisch überwinden und im Zusammenleben der Zeiten ihr Unzeitgemäßes und Nicht-Eingelöstes aktivieren, statt sie geopolitisch zu vereinnahmen.“ Sie verstehen nicht, aber später werden Sie das, was Sie jetzt lesen, zu verstehen beginnen, dann, wenn es fast so weit sein wird, dass Sie nicht mehr ich sind, sondern wieder wer auch immer.

Gegenüber gehen der Mann vom Wachschutz und die Putzfrau offenbar grußlos aneinander vorbei, obwohl sie sich seit ungefähr zwei Jahren jeden Morgen begegnen.

Sie greifen zum Hörer, ängstlich bereiten Sie sich darauf vor, gleich entlassen zu werden, Sie haben eben Ihre Vorstellungen vom Unternehmen, für das Sie arbeiten. Sie denken trotzig: Also wenn die mich feuern, dann suche ich mir eben einen neuen Job. Ich sage Ihnen, was Sie selber wissen, dass Sie so leicht und schnell keine neue Arbeit finden werden, dass Sie sich eine in überschaubarer Zeit zu findende Arbeit vermutlich selbst ausdenken und sich anschließend vor die Füße legen müssten, damit Sie darüber stolpern und die Arbeit annehmen könnten und nicht irgendwer, der gerade in der Nähe ist und schneller als Sie nach der von Ihnen erfundenen Arbeit greift.
Sie wählen die Nummer, die auf einem der Kärtchen steht, das Sie zusammen mit Ihrem Mitarbeiterausweis am Badge tragen. Sie hoffen auf einen Anrufbeantworter, aber Mirko nimmt das Telefonat persönlich an. Sie sagen, ich kann leider nicht

kommen, ich bin sehr erkältet. Ich höre, dass du krank bist, sagt Mirko. Gute Besserung, ruf an, wenn du wieder kommen kannst.

Die Freundlichkeit des Vorgesetzten nimmt Sie für das ganze Unternehmen ein, vor Erleichterung freuen Sie sich auf die Rückkehr zur Arbeit und nehmen es fast wie ein Lob, nicht sofort gefeuert worden zu sein.

Ich lese bei Lafargue: „Eine seltsame Sucht beherrscht die Arbeiterklasse aller Länder, in denen die kapitalistische Zivilisation herrscht. Diese Sucht, die Einzel- und Massenelend zur Folge hat, quält die traurige Menschheit seit zwei Jahrhunderten. Diese Sucht ist die Liebe zur Arbeit, die rasende, bis zur Erschöpfung der Individuen und ihrer Nachkommenschaft geltende Arbeitssucht." Aber vermutlich ist niemand wirklich arbeitssüchtig, was auch Lafargue wusste, und Sie sind es im Moment erst recht nicht. Sie schlafen jetzt mit fast schon fröhlich gestimmtem Gemüt.

Ich jedoch arbeite und weiß nicht mehr genau, ob das Meinige nun Arbeit ist, ob ich es so nennen will. Ich arbeite, denke ich, viel, damit ich nicht arbeiten gehen muss, nicht dorthin, wo die Arbeitswelt ist, wie sie ist, und sich viel zu langsam ändert. Ich denke an Gertrude Stein, die gern in der Badewanne saß und mit den Beinen strampelte und stampfte, was man mindestens als Voraussetzung ihrer Arbeit betrachten könnte. Und ich habe vor einer Weile in der Videothek nach Filmen zum Thema Arbeit gefragt. Andrea, die Inhaberin der Videothek, streifte durch die Regale gegenüber dem Tresen, in dem die Dokumentarfilme standen. Ja, sagte sie, also *Workingman's Death* oder die Filme von Michael Moore oder *Die Flüsterer* über Dolmetscher oder *Cinemaniacs* über New Yorker Filmfreunde, die unablässig ins Kino gehen, die die Programme ausgiebig studieren, sich Pläne und Routen austüfteln, um keinen Film, keines Filmes Anfang zu verpassen. Das, sagte Andrea, ist ja auch Arbeit. Und natürlich, so kann man es sehen.

Ich arbeite also oder arbeite nicht, beides jedoch mit Dringlichkeit, mit Eile und fast jeden Tag lange, denn ich fürchte, aber das sage ich nur den engsten Freundinnen, durch ausgiebiges Schlafen wieder müde zu werden, in ein Zaudern zu fallen oder dorthin zurück, wo ich wirklich kein Geld hatte und nicht wusste, wo eigentlich der Eingang zur Welt ist. Ich bin also grundsätzlich halbwegs schlaflos und kenne viele, die so sind. Lafargue fragt: „Wo sind jene Gevatterinnen hin mit keckem Mundwerk, frischem Humor und der Liebe zum göttlichen Wein, von denen unsere alten Märchen und Erzählungen berichten? Wo sind die Übermütigen hin, die stets herumtrippelnd, stets anbändelnd, stets singend, Leben säend, wenn sie sich dem Genuss hingaben, ohne Schmerzen gesunde und kräftige Junge zur Welt brachten?“ Da sage ich, ach, die gibt es doch, das bin ich mit dieser Freundin oder mit jener, wir können das doch, wir können solche Gevatterinnen sein. Wir können es nicht immer, aber wir können es, wir können herumziehen und jubeln und trinken und rauchen wie wild und uns mit Serien, mit ganzen Staffeln über den nächsten Werktag retten oder wir können das auch moderater, und wir wollen nicht immer Leben säen, denn wir haben vermutlich genug Leben gesät und keinesfalls ohne Schmerzen zur Welt gebracht – manchmal also können wir die besten, vorbildlichsten Gevatterinnen sein, Teilzeitgevatterinnen, denn niemand kann das immer. Außer Jens, der rastlose Jens, der kichernd mit viel Gepäck und Bier in der Hand umherzieht und für jeden ein Wort hat und alles weiß, auf seine Art alles weiß und allen, die er mag, Geschenke bringt: Straßenfundstücke wie Blumenkohl oder Skier, die irgendwo herumlagen, der seine Geschenke mit Bedacht verteilt, der manchmal Blumenstöcke mit Gummibärchen dekoriert, dann lacht und umfällt und wie ein sturzbesoffener, aber beseelter Käfer auf dem Rücken liegt und sein Glück scheinbar nicht fassen kann. Mit dem, sage ich, könnten wir auch fallen, mit dem könnten wir das Hintenüberfallen perfektionieren.

Ihnen als Saisonkraft fehlt keine Party, Sie wollen nicht Lokale wechselnd herumziehen, Ihnen fehlt allein und besonders ein unversperrter Blick auf die Tage, auf den Rest des Jahres, der Ihnen nicht mehr zu gehören scheint. Sie überlegen, wie ausbaufähig Ihre Krankheit ist. Ich denke, Lafargue beiseitelegend, an eine ehemalige Kollegin von mir. Sie hatte immerzu neue Kleider an, kaum ein Kleidungsstück sah ich mehrmals an ihr. Ich las auf einem ihrer T-Shirts: *I am crazy! I am free!* Ich, die ich alles lese, las immer wieder, was da quer über ihre Brüste, über ihren Bauch geschrieben stand und dachte: Das stimmt doch einfach nicht. Sie saß mir gegenüber, kicherte viel, aber beklagte sich noch mehr. Sie klebte Treuepunkte von den Kaffeepackungen auf eine Folie, sie hatte schon mehr als fünfzig. Das war der Vorteil des Kaffeekaufenmüssens, das ihr ansonsten eine zusätzliche Plage war: Die Treuepunkte standen alle ihr zu, die setzte sie später um, tauschte Punkte gegen Tassen, und das war ihr, so kam es mir vor, mehr Lohn oder der bessere Lohn als das Gehalt, das sie als Festangestellte jeden Monat pünktlich und selten zuschlagsfrei erhielt. Sie sagte zu mir: Wie oft ich diesen Schrank öffnen und wieder schließen muss!

Zweimal täglich, sagte ich, aber sie hörte es nicht. Das ist nicht gut für meinen Rücken, sagte sie. Ich sah ihren Körper an, den Sitzkörper, den sie auch in den Pausen sitzen ließ, und wusste, sie würde sich alsbald wieder krank melden und morgens anrufen und weit ausholen, um schließlich zu sagen, wie alles mit allem zusammenhing und wie es ja genauso hatte kommen müssen, dass sie es nun auch im Magen hatte.

Sie haben Ihre kleine Morgenfreude über die ausgebliebene Kündigung vergessen, es stört Sie, nun einen Arzt aufsuchen zu müssen. Weil Sie nie gezwungen waren, einen Nachweis über Krankheiten zu erbringen, haben Sie keinen Hausarzt. Sie recherchieren, entscheiden sich für eine Praxis ganz in der Nähe. Sie halten kurz inne, inspizieren sich: Ja, Sie sind noch krank.
Kurz vor zehn Uhr betreten Sie die Arztpraxis. Aus dem Wartezimmer dringt Husten. Guten Tag, sagen Sie, niemand antwortet. Nach einer kleinen Weile, in der Sie Ihre Chipkarte raussuchen, blickt die Sprechstundenhilfe Sie an. Ich bin krank, sagen Sie, weil Ihnen nichts Besseres einfällt. Sie schieben Ihre Chipkarte über den Tresen, ungeübt und sich fragend, ob Sie nun gleich sagen müssen, dass Sie hier sind, um eine Krankschreibung zu bekommen, ob man einen solchen Wunsch vorher anmelden muss.

Sie sollen im Wartezimmer Platz nehmen. Dort ist stickige Luft. Ein Viertel des Raumes wird von einer Blumenbank eingenommen, die Blätter des Hartlaubgewächses wachsen den Köpfen der Patienten entgegen, auf einem Tisch stehen Gläser und eine Wasserflasche. Die Gläser sind mit dem Boden nach oben gestapelt, darauf eine dünne Staubschicht. Krankheitspatina im Raum, Sie ziehen sich Ihren Schal vor Mund und Nase. Links von Ihnen liest eine alte Frau mit schnarrendem Atem in der Apotheker-Rundschau. Jeder im Raum blickt auf, wenn ein neuer Patient das Wartezimmer betritt, nur manche grüßen.
Die alte Frau erhebt sich, öffnet ein Fenster. Neben dem Fenster sitzt eine junge Frau, die schwer hustet und schnieft, sie trägt einen Anorak, scheint aber trotzdem noch zu frieren. Sie atmen gierig die frische Luft, strecken den Kopf nach vorn, um viel von dieser Luft abzubekommen. Die Frau im Anorak beginnt zu murmeln, schimpft nur leise, aber deutlich über die alte Frau. Und wie lange ich schon warte, sagt sie. Das kann doch alles nicht wahr sein, sagt ihr Begleiter, der neben ihr sitzt. Er steht auf, schließt das Fenster mit lautem Knall. Die alte Frau schüttelt den Kopf, murmelt ihrerseits etwas vor sich hin. Kriege, denken Sie, beginnen so, und ich denke an einen Streik bei Amazon, zu dem ich fuhr, um zu sehen, was vor sich geht, ich fühlte mich trotz längst beendeter

Saisonarbeit den Streikenden verbunden. Auf dem Weg von der Straßenbahn passierte ich ungefähr zehn nebeneinander aufgestellte Dixietoiletten, man schien Großes geplant zu haben. Da war aber nur ein zerstreuter, langgezogener Menschenhaufen, an dem ich vorbeiging, nervös lächelnd und inmitten dieser ruhigen, ungefährlich anmutenden Streikaufstellung nach bekannten Gesichtern Ausschau haltend. Ich wollte einen Kaffee kaufen, aber bekam ihn geschenkt.

Ich sprach einen an, der mir sympathisch erschien, er aß gerade eine Bockwurst. Ich fragte, wie der Streik verliefe, er kaute, oh Entschuldigung, sagte ich.

Tja, sagte er, und wischte sich den Mund mit einer Serviette ab, wir sind schon ein paar, aber es könnte noch besser sein. Es werden Gespräche geführt, und wir haben auch schon einiges erreicht, aber wir wollen eben nach dem Einzelhandelstarifvertrag bezahlt werden.

Ich sagte, ich sei mal als Saisonkraft dagewesen.

Er sagte, er habe früher als Lehrer gearbeitet, habe aber nach der Wende keine Lust mehr auf diese Arbeit gehabt. Zu viele Elternfragen, plötzlich wollten die Eltern ständig was von mir, das hat mir nicht mehr gefallen.

Ich sagte: Amazon hat immer pünktlich gezahlt, das hat mich überrascht.

Ja, sagte er, vieles ist hier sehr gut, aber darüber wird nicht berichtet.

Ich wollte relativieren, aber tat das nicht.
Er sagte, vielleicht sehen wir uns ja mal wieder, vielleicht ergibt sich für dich wieder eine Möglichkeit, hier zu arbeiten.
Ich sagte, ach, ich habe eigentlich Arbeit, es war nur mal kurz, als ich sehr dringend Geld brauchte.
Er sagte, sie suchen doch häufiger Leute, also vielleicht klappt es ja.
Ich sagte, na ja, ja, vielleicht, und verabschiedete mich.
Wenige Wochen später, die Mitarbeiter streikten erneut, hörte ich von den T-Shirts, die jene trugen, die nicht streikten: *We love Amazon.* Das klare Bekenntnis zum Arbeitgeber, das sagen wollte, dass nur die, die nicht streikten, den Arbeitgeber wertschätzten. Was für ein Missverständnis, dachte ich, den Streikenden vorzuwerfen, durch ihren Streik dafür zu sorgen, dass eine neue Versandhalle in Osteuropa diese hier noch früher als geplant ablöst, ihnen vorzuwerfen, sie würden den gesamten Standort, folglich ihre eigenen Arbeitsplätze und die ihrer Kollegen gefährden. Ich dachte: so ein ärgerlicher Quatsch. Ich dachte: wie schade; überall ist immer ein bisschen Krieg.

Im Wartezimmer schimpft die junge Frau weiter. Sie schließen die Augen und sitzen in einem Zeitmeer, als hätten Sie schon Jahre bei Amazon gearbeitet, Ihnen ist, als hätten Sie ein wirklich großes

Pensum bewältigt. Die innere Dramaturgie ruft nach einem Schlussbild, doch das bleibt aus und wird auch später nicht entstehen. Keine große Geste, nichts, was für einen kleinen Showdown taugen könnte. Nur Gedanken, die weit, aber nicht weit genug ausholen, und nichts, das jetzt oder dann, wenn Sie Ihre Zeit als Saisonkraft vollkommen folgerichtig beenden, auf einem Foto erkennbar wäre.

Die alte Frau neben Ihnen wird aufgerufen, sie geht krumm. Wann bin ich endlich dran, fragt die junge Frau und zittert. Ich mach mal Druck, sagt ihr Begleiter und steht auf, nein, mach nicht, sagt sie. Er geht dennoch zum Tresen: Wie lange dauert es noch?
Leute, die Leute zum Arzt begleiten, denken Sie schläfrig und denken nicht weiter. Sie sehen den jungen Mann an, der gerade die Praxis betreten hat. Zur Blutentnahme, sagt er, da bin ich mal wieder. Ja, sagt die Sprechstundenhilfe, Sie waren ja schon ein paar Mal da. Versuchen wir es. Mehr als schiefgehen kann es nicht. Die Schwester führt den Patienten zum Bad, bringt ihm einen Stuhl, fordert ihn auf, sich zu setzen, und dreht das Wasser auf. Sie verstehen nicht, was genau da vor sich geht.

Sie werden aufgerufen und ziehen sich reflexhaft einen leicht leidenden Ausdruck ins Gesicht, betreten das Sprechzimmer, halten kurz neben der am Schreibtisch sitzenden und schreibenden Ärztin inne und gehen weiter, als diese nicht aufblickt. Sie setzen sich der Ärztin gegenüber und husten einen albernen Husten, der bis vorhin echt war, der nachher wieder echt sein wird. Sie kommen sich wie eine Simulantin vor. Was das nun soll, echauffieren Sie sich gedanklich, warum der Arbeitgeber sich in Ihre schöne, private Krankheit einmischt, warum er Ihnen nahelegt anzunehmen, Sie wären gar nicht krank, wollten sich nur vor der Arbeit drücken, um ihm zu schaden. Aber ich sage, weil ich es in diesem Fall besser weiß: Das ist nicht Ihr aktueller Arbeitgeber, der Sie hier verunsichert, es ist eher der erste und für lange Zeit einzige Arbeitgeber meiner Mutter, der hier nachwirkt: Die Post der DDR, die von meiner Mutter ganz und gar Gebrauch machte und ihr keine Pausen ließ, so dass meine Mutter sich immer ein wenig freute, wenn ich krank war, weil es einfacher war, der Arbeit fernzubleiben, wenn sie ein krankes Kind hatte. Ich will nicht sagen, dass meine Mutter hoffte, dass ich wenigstens eine leichte, ausreichend überzeugende Krankheit bekäme, aber ich will doch sagen, dass Sie nicht innerlich schimpfte wie ich heute, wenn meine Kinder krank sind und ich nicht oder kaum den Schreibtisch erreichen kann. Und ich weiß auch: Manchmal war ich nicht krank, manchmal tat ich nur so, und die Mutter beriet mich, wie ich zu schauen hatte, was ich zu sagen hatte, falls wir Kollegen von ihr begegnen sollten. Und dieses alte Schauspiel ist es, das Sie nun annehmen lässt, Sie spielten womöglich auch jetzt.

Während die Ärztin weiterhin eine Akte ausfüllt, erzähle ich Ihnen noch ein wenig mehr von meiner Mutter, die arbeitete, seit sie 14 war, und mittlerweile Bescheid weiß über den Ausstieg aus der Arbeitswelt. Sie sagte oft: Da machst du ein bisschen auf verrückt und schon bist du im Vorruhestand, aber ich kann das nicht. Wenn ich das nur auch könnte.

Ich habe meine Mutter vor einiger Zeit zu einer Gerichtsverhandlung begleitet, die gelenkkranke und befristet in den Vorruhestand geschickte Mutter musste erscheinen, um vor Gericht gegen die Rentenkasse anzutreten. Die Rentenkasse wollte die Mutter wieder arbeiten sehen, die Mutter konnte und wollte nicht mehr arbeiten.

Grundsätzlich war die Mutter nicht arbeitsscheu, war das Gegenteil einer Arbeitsscheuen, eher eine über Gebühr Pflichtbewusste, die alle Arbeit übernahm, weshalb die Arbeit an ihr den besten und deutlichsten Schaden hatte verrichten können und aus ihr schließlich eine der Arbeit Entfliehende gemacht hatte.

Die Mutter hatte zur Gerichtsverhandlung eine schlichte Alltagskleidung getragen, man hatte ihr

empfohlen, nicht zu schick zu erscheinen, eher ärmlich, jedoch nicht verwahrlost. Ihr Anwalt roch nach einem verrauchten Zimmer, die Mutter wollte nichts mit ihm zu tun haben, der Anwalt der Rentenkasse, der mit einem dicken Aktenordner an seinem Tisch saß und noch viele Fälle vor sich hatte, wäre ihr lieber gewesen.
Der Richter, ein milde aussehender, höflicher Mensch, fragte, wie lange die Mutter von der Bahn bis zum Gericht gebraucht habe, und die Mutter sagte, zwanzig Minuten, sie habe aber auch auf einen Poller gestützt fünf Minuten Rast machen müssen. Bei grundsätzlicher, nicht und nie infrage gestellter Versehrtheit der Mutter, fand da eine Inszenierung statt, die schon vor dem Eintreffen im Gericht begonnen hatte: Sie war gebremst losgegangen und nachher tapfer mit dem immerzu schmerzenden Knie aus der Bahn gestiegen, hatte beim Gehen gelächelt und versucht, gefasst zu wirken. Sie kannte die Richtlinie, die besagte, dass sie, um weiterhin im Vorruhestand verbleiben zu können, nicht länger als fünfzehn Minuten am Stück gehen können dürfe.
Wie wäre die Mutter gegangen, hätte sie nicht bei Gericht erscheinen und die Richtlinie bedenken müssen? Auf dieselbe Art, nur wäre diese Art hauptsächlich innerlich gewesen, äußerlich hätte sich die Mutter damit beschäftigt, auf Stolperfallen und drängelnde Leute hinzuweisen, oder hätte sich

ein Café gesucht und gesagt: Ich könnte stundenlang in der Sonne sitzen und den Leuten zugucken.
Ich hatte als Zuschauerin und Begleiterin der Mutter im Saal gesessen, der Richter war mit leicht wehender Robe hereingekommen, und das Schauspiel hatte begonnen. Die Mutter lieferte ihre Berichte ab, schilderte, wie das Knie ein Hindernis war und sich nicht bessern würde.
Der Richter schlug vor, die Mutter, die ja – bei genauer Betrachtung des Falls und des Arbeitsmarktes – ohnehin nicht mehr arbeiten könne, in den dauerhaften Ruhestand gehen zu lassen. Damit zog er sich den Ärger beider Anwälte zu. Denn die hatten das eigentliche Gefecht noch nicht ausgetragen und wähnten sich um ihren Kampf betrogen. Der Anwalt der Rentenkasse sagte, sie könne ja wohl noch arbeiten, eine leichte sitzende Tätigkeit sei ihr für zehn Wochenstunden zuzumuten. Der Anwalt der Mutter sagte, diese Tätigkeit solle der Anwalt doch zur Verfügung stellen. Dieser erwiderte, das behalte er sich vor. Man einigte sich auf eine weitere Befristung des Ruhestands und eine nächste Verhandlung in drei Jahren.

Die Mutter stand nach der Verhandlung auf, um sich gleich wieder zu setzen, mit weichen Knien humpelte sie schließlich aus dem Saal und wusste nicht mehr, wie sehr sie eigentlich humpelte.

Ich denke an Böll, an *Gruppenbild mit Dame* und das darin beschriebene, angeblich verlogenste Bein der Welt. Ich finde, ein verlogenes Bein ist besser als ein tatsächlich krankes, unter allen Umständen ist dieser Arbeitswelt, die Sie noch eine kleine Weile werden besuchen müssen, ein verlogenes Bein zu stellen. Mit sich reden lässt sie ja nicht.

Die Ärztin sieht schließlich doch kurz auf, fasst Sie in den Blick. Vielleicht sind Stunden ins Land gegangen. Was gibt es, fragt sie und öffnet einen neuen Patientenvorgang, der wohl der Ihrige sein wird. Sie schildern, dass Sie Fieber hatten, dass Ihnen alles weh tut und Sie eben nicht arbeiten können. Wo arbeiten Sie denn, fragt die Ärztin. Bei Amazon im Lager, sagen Sie, das ist körperlich sehr schwere Arbeit. Ja, sagt die Ärztin und sieht kurz und fest auf, Arbeit ist schwer. Ja, sagen Sie, um zu betonen, dass Sie das wissen. Sie befinden sich wirklich in einer Prüfung, in einem Bewerbungsgespräch um einen Krankenschein. Nach diesem kleinen Fehlstart, der Sie wohl arbeitsscheu hat wirken lassen, müssen Sie zeigen, dass Ihre Krankheit vorhanden und Sie grundsätzlich arbeitsbereit sind, jedoch im Moment verhindert. Ich brauche nur eine kurze Pause, sagen Sie, ich habe mich verkühlt. Es ist so kalt dort. Die Hand schmerzt auch, aber es wird nach der Pause schon gehen.

Pause oder krank, fragt die Ärztin, das sind verschiedene Dinge. Beides, sagen Sie.
Das hier ist eine Musterung, bei der Ihr Körper nicht betrachtet wird. Die viel notierende Ärztin hört nicht Ihre Lungen ab und sieht nicht in Ihren Hals. Sind Sie denn sicher, fragt die Ärztin, dass Sie Ihre Arbeit nach der Pause wieder bewerkstelligen wollen? Sie konzentrieren sich auf das Porträtbild einer jungen Frau, das rechts auf dem Schreibtisch steht, fragen sich, ob das die Tochter oder die Partnerin der Ärztin ist. Sie würden gern sagen: Lass es! Ich will überhaupt keinen Krankenschein! Diese Ärztin hat verständlicherweise keine Lust, hier einen Schein nach dem anderen auszustellen, eine Scheinausgabestelle zu betreiben, eine Krankheitszertifiziererin zu sein und keine Ärztin mehr, aber Sie nicken stattdessen; ja, natürlich, sagen Sie, ich bin nur krank.

Später bringen Sie Ihren Krankenschein zur Post. Sie haben wieder Fieber und wünschen sich in Ihr Bett, in das Sie sich, als Sie schließlich nach Hause kommen, sofort legen. Ihr Bett ist das beste Zuhause und so könnte es ewig sein. Ohne sich sonderlich explizit darüber Rechenschaft zu geben, verstehen Sie plötzlich, wenn auch nicht für länger, dieses Cocooning, verstehen auch ehrgeizige Kochorgien am heimischen Herd, das Sammeln von Reisekatalogen, das Träumen von später, das Hochrüsten der

Inneneinrichtung, das Tapezieren der Wände mit weichen Teppichen, verstehen Wolldecken mit Löchern für die Arme, fellgefütterte Hausballerinas, Hausmäntel, Morgenhauskleidung, Mittaghauskleidung, Abendhauskleidung, Lesekreise, Ecksofas, Fernsehabende.

Verstecken Sie sich, ich steige derweil in München aus dem Zug. Ich habe, während ich Sie zur Ärztin schickte, eine Reise unternommen, von der ich nicht weiß, ob sie nun beruflich ist oder privat. Ich brauchte eine Reise, also mache ich eine Reise und nun gehe ich durch München, spiegele mich in den Schaufensterscheiben von Fendi und Prada und Luis Vuitton und kann mir nichts, was ich in den Schaufenstern sehe, leisten, was mir aber nichts oder so gut wie nichts ausmacht.

Über mir der beste Münchner Himmel, bei Ihnen ist es lange schon dunkel. In der Wohnung unter Ihnen lacht ein Mann laut wie jeden Tag um diese Zeit. Dann gähnt er mehrfach mit sicherlich weit geöffnetem Mund, danach ist nichts mehr von ihm zu hören. Stattdessen rauschen die Heizungen, die rauschen bis in Ihren Magen. Sie halten sich die Ohren zu, dieses Geräusch bringt Sie um den Verstand. Sie drehen die Heizungen ab, das Geräusch wird nur lauter und nimmt die ganze Wohnung ein.

Ich sitze im Biergarten unter der so beschilderten Kastanie 13. Hier würde ich bleiben, meine ich, hier würde ich alles, was noch von mir zu schreiben ist, in einem Rutsch schreiben, hier könnte ich sitzen, bis ich verwittere, wenigstens täglich bis zur Sperrstunde, hier hätte ich gern einen Briefkasten, so dass ich für die beste Post unter der Anschrift Kastanie 13 zu erreichen wäre.

Ich bestelle: Leberkäse, eine Brezel, eine Johannisbeerschorle. Der Kellner wiederholt alles; und gern, sagt er abschließend, und gern, spreche ich ihm fragend nach und lache.
Hinter mir eine amerikanische Reisegruppe, die zwei volle Gläser unter den Tisch entleert, weil Fliegen in die Getränke gefallen sind. Ich, beschienen von der Sonne, warte auf eine Bekannte, mit der ich schon einmal arbeitete und wieder arbeiten will. Sie wird mir über den Mann erzählen, dem sie nicht mehr vertrauen kann, und über den anderen Mann, den sie liebt, und ich werde sagen, oh, ich muss gleich weinen, und sie wird ruhig sagen *weine,* was mir imponieren wird, denn die meisten anderen würden sagen: Aber weine doch nicht! Wir werden uns vom Privaten zum Beruflichen bewegen und wissen, wo das eine aufhört und das andere anfängt, aber es nicht jederzeit voneinander trennen müssen. Bis sie jedoch eintrifft, esse ich gierig und lese Mónica de la Torre, die ich mit

auf die kleine Reise genommen habe, weil sie klug ist. Sie schreibt:

My economy is broken, mispronounced.
My economy has cold feet, even
if there is plenty of socks at home.
My economy would like to be wholesome and
sound.
My economy is a gift certificate that is not
enough for what I'd like to have, so I end
up spending money at a store that I dislike
in the first place and will never visit again.
My economy is a business lunch where I end
up paying the bill instead of the person
who'd like me to work with her.
My economy consists of performing tasks for
which I receive no quantifiable pay.
My economy grows when it's enough to buy
someone else a drink, or a meal.
My economy does not allow me to say no.

Mein kleines Geschäft ist mir dennoch das liebste, aber das würde ich Ihnen jetzt nicht sagen, oder ich sage es Ihnen doch, denn warum sollte ich Sie schonen. Ich flüstere Ihnen in Ihren Schlafkopf, wie gut mein kleines Geschäft ist und wie vollkommen verständlich, dass Sie das Ihrige, das derzeitige und absehbare Saisongeschäft, zu vermeiden suchen.

Sie schlafen einen schweren Schlaf und erwachen am Morgen mit zu zählenden Tagen. Wie viele Tage Sie noch krank geschrieben sind (3), wie viele Tage Sie nach der Krankheit noch werden arbeiten müssen (21). Sie müssen sich jetzt bewegen, Sie bräuchten ein Flugzeug, das Sie über Stunden hinweg irgendwohin fliegt, aber Sie nehmen mit einem Spaziergang durch die Innenstadt Vorlieb.

Sie sehen zu, wie die Feuerwehr den Weihnachtsbaum in der Nähe des Eingangs zum neuen City-Tunnel aufstellt. Der Baum ist die Spende einer Leipziger Familie; ohnehin, wurde die Familie in der Leipziger Volkszeitung zitiert, hätte der Baum gefällt werden müssen, er sei zu groß und zu geneigt für den kleinen Vorgarten gewesen, seine Wurzeln hätten bereits die Gehwegplatten gehoben. Als der Baum steht, beginnen Techniker, die Lichterkette anzubringen, das wird Stunden dauern.
Am anderen Ende des Marktes transportieren Gabelstapler halbe Weihnachtsmarktbuden. Sie heben sie von den herangefahrenen, in Reihe parkenden LKW in die Höhe, dort wackeln die Budenböden, biegen sich und geben den Blick auf ihr Inneres frei: Hängeschränke, Spülkonstruktionen, Präsentationsregale. Das Holz der Hütten lässt kein Ächzen hören, nichts splittert oder bricht, als die Buden abgestellt werden.

Sie spazieren wie durch ein Vakuum, machen häufiger Pause, essen in einem vietnamesischen Lokal zu scharfes Essen, das Ihnen den Schweiß ins Gesicht treibt. Sie hoffen auf eine umsetzbare Geschäftsidee, Sie sind unter Zeitdruck. Sie brauchen etwas, das sich bis zum Ende der Krankschreibung fertig entwickeln lässt, damit Sie eine gute Begründung vor sich selbst haben, wenn Sie die Saisonarbeit vorzeitig beenden. Ihnen fällt überhaupt nichts ein. Sie denken dann und denken das sehr langsam: Hartz IV. Genau, Hartz IV, warum denn nicht. Sie malen sich ein vereinfachtes Leben aus. Sie sagen sich: Die regelmäßigen Zahlungen werden mich beruhigen. Ich muss beruhigt werden.

Sie täuschen sich, Sie täuschen sich sehr. Während ich in den Kammerspielen auf den Beginn von *Orpheus steigt herab* warte und Sie gleich vorübergehend vergessen werde, rufe ich Ihnen zu, dass das doch nur eine Sedierung wäre, allenfalls eine Teilnarkose, das hilft doch nur einen kurzen Moment und zudem – was Sie nun hören oder auch nicht – muss man doch bedenken, was alle Anästhesisten wissen: Selbst die Vollnarkose schützt nicht vor dem häufiger als berichtet auftretenden Phänomen der Awareness. Ich schwöre Ihnen und schwöre sonst nie, diese Beruhigung wäre vermeintlich und ginge nach hinten los. Sie bekämen ja doch noch alles mit. Und Sie wüssten dabei immer genau, was Sie zu vermeiden suchen und dass Sie wirklich alle Beunruhigung betrachten müssen und zerpflücken oder pflegen, je nachdem.

Ich bin, was die Agentur für Arbeit angeht, keine gute Ratgeberin und bin vielleicht, wenn ich sage, man solle bloß nicht zur Agentur gehen, doch nicht die neoliberale Linke vom Anfang des Textes, sondern eher eine zutiefst Verschreckte. Ich habe überbordende Angst vor der Agentur und ihren Folgen und Zetteln und Fragen. Ich denke immer an die Frau, die beim Gehen aus der Agentur in Rage die Tür kaputt schlug, was, wie ich finde, eine gute Art ist, die Agentur zu verlassen. Man dürfte sie auch so betreten oder dürfte, nur um die Türen zu zerstören, den faden Weg zur Agentur auf sich nehmen. Man muss das machen, man muss dieses Gebäude, das hier wie ein Gefängnis aussieht, wie eine gelungene Kopie standardisierter Gefängnisarchitektur, in Grund und Boden stampfen und zum Beispiel bei den Türen beginnen.

Später, da habe ich das Theaterstück schon gesehen und würde es gern gleich nochmals sehen und zusätzlich zum Kastanienbüro eine Wohnung in diesem Stück haben, um nicht aus dem Stück gehen zu müssen oder immer nur für kurz, später also will ich Ihnen nicht weiter in die Gedanken hineinreden, ich lasse Sie stattdessen Müll und Altpapier entsorgen und auf dem Rückweg zu Ihrer Wohnung im Treppenhaus auf die Nachbarin Frau Bertram treffen. Diese schließt gerade ihre Wohnungstür auf.

Kommen Sie eigentlich auch von der Frühschicht, wenn wir uns nachmittags draußen begegnen, fragen Sie, weil es Ihnen gerade einfällt.

Nein, Frau Bertram schüttelt den Kopf, vom Einkaufen, ich bin doch arbeitslos.

Wirklich, sagen Sie.

Ja, Frau Bertram nickt. Leider, sagt sie. Sie sagt, sie habe als Buchbinderin gearbeitet, sei auf die festen Einbände spezialisiert gewesen, aber das sei eben schon lange vorbei, und nun mal eine Maßnahme hier, mal eine dort, und zwischendrin Schikane.

Müssen Sie auch Bewerbungen schreiben, fragen Sie.

Ja, sagt Frau Bertram, aber ich schreibe nicht mehr so viele, wie ich müsste, es ist aussichtslos geworden.

Und bei der Agentur, fragen Sie, wie ist es da?

Fragen Sie nicht, sagt Frau Bertram, man muss das eben aushalten, man muss das alles schlucken, man hat einfach keine Möglichkeiten, die nehmen einem noch das letzte Geld weg.

Frau Bertram beginnt zu weinen. Sie bemerken, wie porös alle Gefüge sind und verstehen den Sprung ins Hoffen hinein. Die Hoffnung auf den

Deus ex machina, die Hoffnung auf einen Superhelden oder irgendwen, das alles ist da im Treppenhaus mit der still weinenden Frau Bertram vollkommen naheliegend, aber fünf Minuten später und drei Etagen weiter oben schon wieder vergessen. Das mit Hartz IV, überlegen Sie, vielleicht kriegt man es ja doch irgendwie hin. Das könnte man doch schaffen. Man könnte das doch als einen Beruf betrachten, den man ausübt, der auch nicht angenehm ist, aber wenigstens nicht pro Woche vierzig Stunden Anwesenheit erfordert. Sie erwägen also, Leistungsbezieherin zu werden und an die Stelle des Weltunternehmens die Agentur für Arbeit zu setzen. Sie rufen in meine Richtung: Ich werde mich dafür einsetzen, die Tätigkeit des Leistungbeziehens zu einem anerkannten Beruf zu machen. Sie geben sich kämpferisch, aber das sind nur Kreisbewegungen der Weigerung in Ihrem unterforderten Kopf, dem Sie, während sich Ihr Körper erholte, nichts zu tun gaben. Sie legen sich, um die Krankheit vorsorglich zu verlängern und mehr Bedenkzeit zu haben, aufgedeckt unter das geöffnete Fenster und zittern vor Kälte. Aber Ihr Körper enttäuscht Sie, treibt Sie schon nach zehn Minuten unter die Bettdecke und will sich lieber aufwärmen. Sie kennen den Weg zur Agentur nur aus Erzählungen, Sie wissen, da kommen Sie mit der Straßenbahn ohne Umsteigen hin.

Einen Tag später sitze ich wieder im Zug und denke über Sie nach. Ich streiche den Gedanken an Hartz IV, dieses Taumeln um das regelmäßig eintreffende Geld herum, einfach aus Ihren Gedanken. Die Lust auf Hartz IV ist nun nur noch eine unter vielen, denen Sie allesamt nicht nachgeben. Eine Lust, die Sie demnächst vergessen haben werden. Etwas wie eine Laune. Ich fahre zu weit, verpasse wirklich das Aussteigen und wundere mich darüber. Ich weiß schon, es bräuchte jeder manchmal einen, der sich um ihn kümmert, und Sie sind allein und haben alle Bedürfnisse, die man haben kann.

Sie surfen lustlos im Netz, bleiben bei einem Artikel hängen, der über frustrierte und vom Burnout bedrohte Arbeitnehmer berichtet. Es heißt im Artikel, man solle beim Chef Vorschläge zur Verbesserung der Arbeitssituation machen. Weil aber davon auszugehen sei, dass jeder Chef zuerst einmal *nein* sage, solle man sich eine Woche zur Erprobung des Vorschlags ausbedingen. Der Chef werde, und das lesen Sie dreifach, weil Sie es kaum glauben können, eine Woche leicht gewähren, werde also annehmen, eine Woche würde den Störenfried schon zur Räson bringen, er werde dann aber zur eigenen Überraschung feststellen, dass alles gut genug funktioniert. Der Chef werde folglich beeindruckt

sein und den Vorschlag annehmen. Dieser Artikel ist Ihre kleine Kirche, in der Sie sich durch Worte, an die Sie glauben wollen, aufrichten lassen.
Tja, denken Sie und sind, pünktlich zum Ende der Krankschreibung, wirklich wieder gesund, worüber Sie Ihren Vorgesetzten informieren.

Acht

Es ist gerade leicht, Ihnen eine Freude zu machen. Zum Beispiel diese: Sie gehen durch den Schnee, der in der Nacht gefallen ist. Sie beeilen sich, nicht aus Angst, zu spät zu kommen, sondern um auf allen Wegen an diesem Morgen die Erste zu sein. Aller Schnee gehört Ihnen. Zumindest für ein paar Minuten, bis Sie der Haltestelle näher gekommen sind, wo andere Ihren Schnee benutzen werden; Sie werden den Schnee dann gern mit allen teilen. Sie denken an Chechovs angeblich letzten Satz: *Ich habe so lange keinen Champagner mehr getrunken* und denken: *Ich bin so lange nicht mehr durch Schnee gelaufen*. Das ist, wenngleich es ein Schlusssatz sein könnte, doch wieder ein Anfangssatz, und er sagt Ihnen, warum auch immer, dass etwas richtig ist, denn es schneit, dass etwas gut ist, denn es schneit. Der Schnee fällt und fällt, stoisch, fröhlich, je nachdem.

Sie sitzen in der Straßenbahn, ich sehe Sie sitzen, sehe im schroffen Straßenbahnlicht das Alter in Ihr Gesicht einziehen; es verkleidet sich gerade noch als Müdigkeit. Sie sehen wirklich müde aus, so sind die Gesichter am frühen Morgen, alle Gesichter um Sie herum sind müde. Man gähnt laut. Links neben

Ihnen allerdings steht eine Frau, die ihren sitzenden Kolleginnen Fragen zur letzten Nacht beantwortet oder nun gerade nicht beantwortet:
Ja, sagt sie und bemüht sich nicht darum, leise zu sprechen, wir waren im Kino und dann eben nicht mehr im Kino. Und dann bei mir zuhause.
Zuhause, fragen die Kolleginnen.
Na ja, sagt die Frau und kichert.
Du wirst ja rot, stellen die Kolleginnen fest und lachen. Da hast du also nicht viel Schlaf abbekommen.
Er hat mich zur Haltestelle gebracht, sagt die kichernde Frau.
So wird das nicht bleiben, sagt die eine Kollegin, genieß es also.
Hat er denn keine Arbeit, fragt die andere, da hören Sie wieder genauer hin.
Gerade nicht, sagt die Frau, und das ist natürlich ein deutliches Manko, dass dieser Mann, der ansonsten all ihren Vorstellungen entspricht, keine Arbeit hat, den wird sie zu einer Arbeit drängen müssen. Er bemüht sich, sagt sie.
Das sagen sie alle, sagt eine Kollegin.
Nein, nein, sagt die kichernde Frau, so ist es bei ihm nicht.
Mit Ihrem dicken Handschuh wischen Sie die Scheibe frei. Je mehr sich die Straßenbahn mit Menschen, die keine Bürokleidung tragen, füllt, desto deutlicher wird ein Anachronismus: All die

von Ihnen und Ihresgleichen auszuübende Arbeit und die unbequeme, beengte Gruppenreise hin und zurück passen gut in alte Schwarzweißfilme, aber Sie sind ja hier unterwegs, um eine bunte und zeitgenössische Warenwelt zu bearbeiten. Sie, inmitten der Kollegen, inmitten Fremder, mit Jacken, Bäuchen, kalt gefrorenen, teils rissigen Händen an Haltegriffen, sind nichts als ein Platzhalter für Maschinen, die längst erfunden, aber noch nicht rentabel genug sind, um Sie und Ihre Kollegen, die Sie sehr preisgünstig sind, dauerhaft zu ersetzen. Dass Ihre Anwesenheit notwendig ist, stört den Arbeitgeber, der sich mit Störenfrieden nur ungern beschäftigt.

Sie sind ein stimmbegabtes Werkzeug, das man nicht anhören will; von mir aus, denken Sie und dämmern noch ein wenig vor sich hin, während sich in Ihnen die Lust auf einen Auftritt vorbereitet, Lust darauf, gleich über alle Maßen schwungvoll die Versandhalle zu betreten und laut zu rufen: Da bin ich wieder! Ich bin jetzt wieder da! Und Sie wüssten jene zu schätzen, die darüber lachen könnten.

Womöglich ist es sogar das Konkrete der Belastung, die Konzentration aller Belastung auf den Körper, der Sie nun wieder entgegenfahren, was

Sie fröhlich stimmt. Sie sind gerade nicht oder noch nicht oder nicht mehr so weit, diese Form der Anstrengung grundsätzlich abzulehnen, die nur den Körper fordert und den Kopf und die Möglichkeiten und erst recht die Möglichkeit der Wahl außen vor lässt. Sie meinen eher, Sie könnten an dieser Arbeit doch etwas verändern oder möglich machen, und Sie meinen, theoretisch bräuchte es nicht sehr viele Veränderungen. Sie haben den Wunsch, die Arbeit so zu gestalten, dass sie nicht tödlich ist. Allerdings kommt dieser Wunsch nicht mit konkreten Vorstellungen daher, und sobald Sie eine Vorstellung zur Umsetzung haben, sehen Sie ein Heer von Abwinkern und Kopfschüttlern vor sich, um sich und vor allem: in sich, die allesamt sagen: Unsinn, das geht doch nicht. Dieses Heer in Ihnen ist es, an dem Sie vorbeimüssen. Vermutlich waren und sind Sie außerhalb dieses Textes ein Mensch, in dem keine abwinkenden Heere aufgereiht stehen, aber nun ist das anders.

Diese Arbeit ist und bleibt vorerst tödlich, davon gehe ich aus. Natürlich kommt niemand belegbar durch sie um. Es könnte also ganz zu Recht gefragt werden: Wer stirbt denn? Die stehen doch alle aufrecht und arbeiten gut und haben nicht einmal die Schweinegrippe bekommen, weil dieser Arbeitgeber perfekt organisiert in kurzen Abständen alle Geländer putzen lässt.

Sie schlummern noch ein wenig und tragen das Gefühl, etwas ließe sich zum Besseren ändern, der Ausstiegshaltestelle entgegen wie einen am Vorabend gebackenen Kuchen einem Fest.

Sie frisch Gesundete sehen die loseilende und durch den Schnee schliddernde oder stampfende Kollegenmasse beim Aussteigen herzlich an und denken: Was wir alles könnten. Eine Kollegin rempelt Sie an, Sie werden gegen die abfahrbereite Straßenbahn gedrückt, schnell sichern Sie Ihren Stand. Ich denke an die Solidarität, diese Zärtlichkeit unter den Völkern, der die Zärtlichkeit unter den Menschen vorausgehen müsste. Sie denken: Wir können den Verkehr anhalten, wenn wir als breite und lange Gruppe auf die Straße treten und nicht aufhören zu gehen, und uns nicht kümmern, ob es rot wird oder noch grün ist, wir gehen, weil wir dann ein gehendes Wir sind, und wir gehen einfach weiter, zwängen uns nicht durch die Drehtür und gehen nicht im Banana Tower die Treppen hinauf und nicht über die Metallbrücke und nicht an jemandem vorbei, der uns ermahnen könnte.
Sie wollen, dass das Unternehmen sich fürchtet, es soll aus den raren Fenstern des Unternehmens geblickt und gesehen werden, wie alle an der Halle vorbeigehen. Aber Sie wollen das Unternehmen heute nicht grundsätzlich erschrecken, Sie wollen es eher erziehen und wissen offensichtlich nicht,

wie unmöglich Erziehung im ökonomischen Bereich ist, wie unmöglich vielleicht sogar in den meisten anderen Bereichen.

Sie gehen mit der Kollegenschlange durch den Schnee, überqueren den Parkplatz, die Schlange wird von der Drehtür in Segmente zerteilt, und dann ist es, meine ich, aus mit dem Potenzial, dann wird aus dem Potenzial ein Wunsch, der näher oder weiter nach vorn gerichtet ist: auf den Feierabend, auf das Wochenende, den Jahresurlaub, den Ruhestand. Der Schlange sind die Zähne gezogen.
In welchem Zustand war die Schlange, bevor ihr die Zähne gezogen wurden?
In welchem Zustand waren die Zähne der Schlange, bevor sie gezogen wurden?
Was waren das für Zähne?
Was war das für eine Schlange?
Und was genau sollte eigentlich geschehen?

Ich, die ich Ihre Gedanken vor Ihnen hatte, denke jetzt: Vielleicht ist da kein Potenzial mehr, vielleicht lässt sich nichts, gar nichts aus dieser Menschenmenge machen. Was wäre, wenn alle weitergingen? Oh, es wäre fantastisch. Aber die meisten aus dieser Masse wissen und wissen das aus Erfahrung: Dann stünden sie ohne Arbeit da. Bekämen kein Gehalt und zudem nichts mehr von der Agentur. Und hätten plötzlich Zeit und wüssten nicht, was tun. Da wären noch keine neuen und alltagstauglichen Ideen. Denn wann hätten die entwickelt werden sollen. Hier hat ja niemand Zeit, hier sind ja alle müde. Alle, die weitergehen, würden beizeiten ersetzt werden, sie wären nur Auslöser eines kleinen, vorübergehenden personellen Engpasses, der sich lediglich in einem Satz auf der Unternehmens-Website ausdrücken würde: Aufgrund schlechter Witterungsbedingungen muss derzeit mit Lieferverspätungen von bis zu drei Tagen gerechnet werden. Wir entschuldigen uns für diese Unannehmlichkeit.

Sie denken also: Was alles können diese vielen Mitarbeiter machen, und wer unter den Kollegen denkt nach über das, was er mit seiner Arbeit tut, und über das, was getan werden könnte?
Und ich denke: Was, wenn aus dem Umstand, dass alles, was getan wird, lediglich dem Auskommen und Durchkommen dient, und schließlich doch nur dem Unternehmen nützt, die Frage nach dem Nutzen des Nutzens würde. Wenn also mehr als nur wenige mit oder ohne Lessing überlegen würden „Und was ist der Nutzen des Nutzens?"

Bis zum Spind sind Sie von potenziell Gleichgesinnten begleitet, sind bei sich und Herrin Ihres Kopfes. Sie erwägen eine Schreibgruppe zu gründen und die Mitarbeiter zum Schreiben zu bringen,

Geschichten zu sammeln und allen zu sagen: Schreib auf, wie es für dich ist, es zählt. Oder: Erzähl es mir, ich erzähle es weiter. Das, denken Sie, wäre doch was. Und, ja: Das wäre was. Das wäre der einzig wirkliche Nutzen dieses Unternehmens.

Sie sind heute noch nicht in Eile. Der Schnee hat Sie beruhigt. Oder was ist es? Sie sehen zum ersten Mal die an den Wänden vor den Umkleideräumen hängenden Fotos und fragen gleich: Sind die schon immer hier? Darauf Mitarbeiter beim Feiern, Mitarbeiter mit Papphüten, die sich zuprosten oder dem Fotografen Kusshände zuwerfen. Alle Bilder sind in der Kantine aufgenommen worden, die Getränkeautomaten festlich mit Girlanden geschmückt. Wann, bitteschön, fragen Sie sich, haben die das geschafft, hier scheinbar richtig zu feiern? Als wäre das alles hinter Ihrem Rücken entstanden. Als wären nur Sie nicht eingeladen gewesen. Sie haben bisher nicht einmal in Erwägung gezogen, dass irgendwer hier länger als nötig bleiben könnte.

Sie lehnen sich gegen die Jacken, sinken kurz in Weiches. Hinter Ihnen erzählt eine Kollegin, was sie am Vortag zu receiven hatte: Peitschen, Lacklaken, Pos in Kisten, Pos in den Größen S, M, L, XL. Na viel Spaß, sagt jemand. Draußen die schneebedeckte Terrasse, über die die Raucher für eine letzte Zigarette vor Schichtbeginn eilen. Alle wirken, als kühle dieser Schnee sie über Gebühr aus, als strafe er und mute ihnen etwas zu, das zu viel ist, übel und unangemessen hart. Sie aber sind eine Kampfansage an die Härte und erst recht an den Eindruck, hier hätte Sie ein Arbeitgeber in der Hand. Sie weisen diese deutlich nach allen Arbeitnehmern krallende Hand von sich. Wenn Sie mögen, und vielleicht nicht nur dann, denken Sie doch an Helga Novak:

> Dem das Gefrierhaus gehört, der nimmt
> meine Arbeit. Er nimmt sie mir ab.
> Ich, da mir nichts gehört, gebe ihm meine
> Arbeit. ER ist der Arbeitnehmer.
> Der ArbeitGEBER bin ich.
> Arbeitnehmer und Arbeitgeber – an seinem
> lodengrünen Tisch begegnen wir uns mit
> vertauschten Namen und taxieren uns.

Ja, Sie geben Ihre Arbeit, und Sie würden das am liebsten gern tun. Wie zu Ihrer eigenen Überraschung kehren Sie nach der Krankheit zurück, um neu zu beginnen.

Sie nehmen die Kiste aus dem Regal, das Fitzelchen Zuhause. Sie sehen hinein, die Kiste wirkt nicht durchwühlt.

Grit und Stefanie schauen Sie an, als müssten sie sich vor Verwunderung über Ihren Anblick die Au-

gen reiben. Wir dachten, du kommst nicht mehr. Ich war nur krank, sagen Sie. Aha, sagt Grit.
Grit hat sich einen Schal um den Hals gewickelt, flüstert mehr, als dass sie spricht, und Stefanie trägt eine Bandage am rechten Handgelenk. Offensichtlich schleppen sich alle zur Arbeit und lavieren herum und besprechen Krankheiten, die gerade kommen, gehen oder sich in voller Blüte befinden. Als würden sie für diese Krankheiten bezahlt oder nähmen an einem Wettbewerb um die schlimmste Krankheit teil. Alle schleppen Kreuze und Gebrechen, und nur Sie sind etwas wie ein Grashüpfer, dem nichts eine Sorge bereiten kann, der versehentlich in den vormittagskühlen Sommerbetten eines Schlafzimmers gelandet ist, sich dort in einen zufriedenen Menschen verwandelt, bis er wieder zum Grashüpfer wird und weiterspringt.
Übrigens hat, das erfahren Sie hier, natürlich jeder seinen eigenen Schnee. Sie haben diesen guten, humorvollen Schnee. Hans-Peter, der dann auch mal wieder zu sehen ist und von Grit und Stefanie freudig begrüßt wird, hat einen scheiß Schnee. Diese Sorte Schnee kennen Sie gut von meinen Eltern. Eventuell haben Arbeitnehmer nahezu grundsätzlich scheiß Schnee, weil der Schnee ihnen den Arbeitsweg beschwerlich macht und sie vom Pünktlichkommen abhält. Man nimmt den Schnee persönlich und sagt: Das interessiert doch nieman-

den, welche Probleme man hat, wenn es schneit. Das wird alles auf unseren Rücken ausgetragen. Der Schnee ist auch nur das Instrument einer übergroßen Macht.

Die Morgenrunde beginnt. Die Docks sind heute nicht besonders voll, sagt Mirko, aber was Sie sehen und hören, ist ein Ermahnungschor aus Versehrten, aus Wundgearbeiteten, ein Komitee, das Ihnen sagt: Du regeneriertest. Arbeite endlich. Wir waren hier und regenerierten nicht!

Sie finden sich auf keiner Liste, vielleicht hat auch der Arbeitgeber nicht mehr mit Ihnen gerechnet. Sie fragen nach und werden zum Prep geschickt, aber wissen nicht, wo das ist. Falk, einer der Vorgesetzten, bringt Sie zu Heiner, der den Bereich des Prep, wo Waren in Plastiktüten verpackt werden, leitet. Heiner sieht Sie kommen und brüllt laut, dass er ja schon viel früher Hilfe angefordert hätte. Schon vor fünf Tagen, sagt er, und jetzt schickt ihr ein dünnes Hühnchen. Er streckt den Arm aus, weist auf den Arbeitsplatz neben sich. Sie müssen Flyer zu einer Tanzveranstaltung, die in Stapeln zu 250 Stück gebündelt in Kartons liegen, in Tüten stecken und diese Tüten mit einem Label versehen, auf dem für Maschinen und Menschen lesbar steht, was sich in der Tüte befindet.

Sie leeren fünf Flyerkisten und bekommen die nächsten fünf Kisten an Ihren Platz gestellt.
Du bist gar nicht so schwach, wie du aussiehst, sagt Heiner.
Sie sagen, er sei auch nicht so ein Rüpel, wie er zu wirken versuche.
Rüpel, fragt Heiner.
Ja, sagen Sie, man hat ja fast Angst vor dir.
Ach, sagt Heiner, hier kommst du mit *Guten Tag, wie geht es dir, kann ich dir irgendwie helfen,* nicht weiter. Ich bin doch kein Betonkopf.
Dann ist's ja gut, sagen Sie.

Heiner hält ein Hundekörbchen, das verpackt werden muss, hoch. Das wäre was für meine Trixi. Wer ist das, fragen Sie. Heiner beginnt zu erzählen, ein Monolog, den er nicht zum ersten Mal aufführt, merken Sie, ein Typ, denken Sie, für eine Bühne; die erreichbarste Bühne ist jene, auf der auch Sie sich gerade befinden. Trixi von Trautdorf, führt Heiner aus, gehört zu einer von drei tibetischen Hunderassen. Sie wurde in einem Kloster gezüchtet, sie bellt nicht, das Bellen hat man ihr abtrainiert. Trixi ist sehr fein, sie frisst kein Futter mit Soße, sie geht auch bei Regen nicht vor die Tür, mit Schnee hat sie aber keine Probleme. Sie ist so etwas wie meine Tochter. Ich bin, sagt Heiner, geschieden. Meine Tochter kommt mich zwar besuchen, aber die ständige Tochter ist jetzt

Trixi. Meine echte Tochter hat damals, als ich nach der Scheidung auszog, entschieden, ich solle den Familienwellensittich mit in die neue Wohnung nehmen, damit ich dort nicht so allein sein muss. Leider hat Trixi dem Wellensittich den Kopf abgebissen. Sie ist ein sehr friedfertiger Hund, sie hat nur gespielt, und man hat nicht damit rechnen können, denn immer durfte der Wellensittich auf ihrer Nase und auf ihrem Rücken sitzen, aber eines Tages hat sie ihn ganz nebenbei erledigt. Da habe ich einen neuen Wellensittich gekauft, der dem toten sehr ähnlich sah, und gehofft, dass die Tochter es nicht bemerkt.
Und, fragen Sie, hat sie es bemerkt?
Ich glaube nicht, sagt Heiner.

Sie kleben Label auf und hören zu. So könnte das weitergehen, so könnten Sie Ihre Zeit bis zum Ende der Saisonarbeit gut bestreiten. Aber Falk kommt zu Ihnen, holt Sie ab, Heiner meckert, weist auf die Kartons voll mit noch zu verpackenden Produkten. Falk zuckt mit den Schultern, sagt: Ich hab das im Blick. Heiner sagt: Ich dich auch.

Sie lassen sich von Falk zu Ihrem Arbeitsplatz am Förderband bringen. Sie atmen auf, denn da steht eine riesige Kiste, voll mit Büchern. Sie jubilieren. Was es nun mit der Freude über die Büchermasse auf sich hat? Warum es so viel besser ist, die Bücher

und nicht andere Produkte zu bearbeiten? Und ob es auch dann noch besser ist, wenn die Bücher zum Großteil schlecht und langweilig sind oder wenigstens so aussehen?
Sie sagen und werden dabei bleiben: Es ist eben besser.

Ich habe, als ich nicht mehr Saisonkraft war und wieder mehr Zeit hatte, gesagt: Vielleicht war es auch deshalb gut, bei den Büchern zu arbeiten, weil jedes Buch mir hätte vorhalten können: *Du hast aber wirklich lange kein Buch mehr veröffentlicht bekommen. Stattdessen bist du hier.* Was aber nicht geschah. Abgesehen vom Buch des Bekannten quälten mich die Bücher nicht und hielten mir nichts vor, sondern waren einfach da, während ich dafür bezahlt wurde, die Bücher zu receiven, und mir ein Bild davon machen konnte, was man las und lesen würde. Ich dachte nicht oft an den Buchhandel, dem Buchkunden entgingen, ich dachte eher an mich und etwas, das man, im Rahmen der Umstände, fast als Arbeitsvergnügen oder Marktrecherche hätte bezeichnen können.

Neben Ihnen also mehr als ein Kubikmeter Bücher. Sie nehmen Buch um Buch aus der Kiste, und alles ist jetzt in Ordnung, weil jedes Buch eine Ordnung ist, und weil auch eine Kiste voller Bücher eine Ordnung ist, weil sie einfach keine Unordnung sein kann, denn dann würden die Bücher beschädigt werden.

Sie receiven Buch um Buch:
Aus Versehen Prinzessin
Jäger der Nacht
Superhelden im Einsatz
Rendezvous am Höllentor
Kikis kleiner Lieferservice
Der Klang des Nordens
Führungsstark in alle Richtungen
Wie überlebe ich die Liebe
Skeleton Key
Das U-Boot der 1000 Gefahren
Der Hund, die Krähe, das Om ... und ich! Mein Yoga-Tagebuch
Gezeichnet: House of Night 1
Zeit deines Lebens
Die Zahlen der Toten
Graf Dracula – Mein Tagebuch
Und so weiter.

Sie schauen sich um: Um Sie herum arbeiten nur Frauen. Wenn sich die Tore zu den Docks öffnen, sehen Sie die Kollegen mit Mützen und dicken Jacken die LKW be- und entladen. Vor den Docks fällt noch immer Schnee, wenige Schneeflocken schaffen es mit der Zugluft bis zu Ihrem Platz.

In der Pause setzt sich Stefanie neben Sie.
Ist Grit nicht da, fragen Sie.
Stefanie sagt, Grit arbeitet jetzt im Outbound, die

machen später Pause. Ich bin verliebt, platzt es aus ihr heraus; sie hat ihre Verschwiegenheit Ihnen gegenüber vergessen. Das ist gut, setzt sie fort, du solltest dich auch verlieben, das ist gut.
Wo arbeitet er denn oder wo arbeitet sie denn, fragen Sie.
Er arbeitet im Stow, sagt Stefanie, da war ich ja auch für ein paar Tage. Gestern haben wir uns durch die Regale hindurch angeguckt.
Sie essen, während Sie zuhören, und sehen Stefanie leicht sein, leicht wie frisch Verliebte leicht sind.
Ich raune Ihnen rein prophylaktisch zu, dass es dem Unternehmen nur zuträglich ist, wenn sich Mitarbeiter in seinen Hallen verlieben, sich quasi in das Unternehmen hineinverlieben, weil sie dann unbeschwerter arbeiten und Zugehörigkeit zum jeweiligen Unternehmen automatisch entsteht. Die Verliebtheit macht, dass die Arbeitskraft durch Liebeskraft vermehrt wird und ist also eine zusätzliche Kraft der Mitarbeiter, von der das Unternehmen profitiert. Die Verliebtheit hilft dem Unternehmen zum Beispiel durch das Weihnachtsgeschäft.
Das hat keinen großen Einfluss auf Sie, ohnehin werden Sie schon am Ende des Tages nüchtern das Folgende festhalten: Insofern das Unternehmen durch verliebte Mitarbeiter gestärkt wird, wird es durch Liebeskummer geschwächt, dann nämlich, wenn sich die vormals Verliebten aus dem Weg gehen, wenn sie hadern, grübeln, trauern oder eifer-

süchtige Beobachtungen anstellen. Die versiegte Liebeskraft wird also die Arbeitskraft schwächen und folglich dem Unternehmen den anfänglichen Gewinn aus der Verliebtheit der Mitarbeiter wieder streitig machen.

Ich aber werde widersprechen: Das Unternehmen lässt sich nicht schaden, das Unternehmen registriert alle Zeit genau, wie viel Sie wann arbeiten, und achtet darauf, dass Sie nicht unter die Norm fallen. Sonst werden Sie innerhalb des Unternehmens verschoben, in einen Bereich, wo Ihr Kummer weniger hinderlich ist, oder Sie werden, weil Sie sowieso jederzeit kündbar sind, einfach entlassen.

Die orangenen Westen der Ihnen gegenüber sitzenden Kollegen spiegeln sich in der Scheibe, legen sich auf das Feld vor dem Fenster, bilden sich dort als matte Warnlinien ab, gelegentlich gelöscht vom Scheinwerferlicht der vorbeifahrenden Autos.
Viel Glück, sagen Sie, unterbrechen Stefanie mitten in ihren Erwägungen, ob sie den Mann nun ansprechen soll oder nicht. Na klar, sagen Sie, packen Ihr Essen ein, tun eilig und essen die mitgebrachten Brote im Umkleideraum stehend auf.

Aber was ist nun mit Ihnen los? Sie wirken seltsam fahrig und fast ein wenig ertappt. Als wäre

Ihnen etwas Schwerwiegendes eingefallen, das nun unbedingt erledigt werden muss. Als müssten Sie überlegen, wie Sie sich unauffällig von der Arbeit stehlen können, um Ihre Angelegenheit zu erledigen.

Sie sind ja auch verknallt. Das war Ihnen nur bisher nicht aufgefallen. Jetzt jedoch ist es deutlich. Wann fing das an? Das könnten Sie nicht genau sagen. Es hat sich irgendwie entwickelt, und nun zeigt es sich. Sie kommen sich jetzt komisch vor, ein wenig allgemein, Sie fragen sich, ob die Verliebtheit hier wohl in der Luft liegt, ob alle sich nach ein paar Wochen im Unternehmen in eine Kollegin oder einen Kollegen verlieben, und wenn ja, was das dann über Ihre Gefühle aussagen könnte. Sie wissen das nicht und beschließen, Ihr Verknalltsein sowieso für sich zu behalten und schon deshalb weiterhin besonders zu finden.

Da ist also dieser Hubwagenfahrer, der Ihnen gefällt und dessen Namen Sie nicht kennen. Dem können Sie vor lauter Schwärmerei nicht in die Augen sehen. Sobald er sich nähert, drehen Sie sich weg, nehmen zuvor die Brille von der Nase, werfen einen prüfenden Blick auf sich, achten auf Ihre Körperhaltung, stehen gerade und geben sich versiert. Es wäre nicht verwunderlich, schauten meine alten Freundinnen aus der Schulzeit nun verstohlen aus der Bücherkiste, um Ihnen zuzuraunen: Sprich ihn an, mach doch. Sie glauben, er beobachtet Sie. Sie erröten, wenn Sie ihn in Ihrer Nähe wähnen. Auf jedem Hubwagen glauben Sie den zu sehen, für den Sie nahezu plötzlich etwas empfinden. Sie verwechseln diesen Mann vor lauter Aufregung mit allen Männern. Genau genommen ist das wie bei Pawlow, dem Hund und dem Glöckchen, das, wie Heinz von Förster in einem Vortrag sagte, hauptsächlich für den Wissenschaftler klingelte, dem Hund hingegen genügte der Anblick der Glocke, um den Speichel fließen zu lassen. Oder wie viel weniger noch genügte dem Hund? Ihnen jedenfalls genügt das Geräusch eines sich nähernden Hubwagens, dieses Geräusch beschert Ihnen Herzflattern und einen flauen Magen, aber so würden Sie das nicht sehen wollen. Sie machen es sich jetzt in aller Aufwühlung sogar gemütlich und nehmen Ihr Erröten als ein Plädoyer dafür, dass Sie sich nun um eine Übernahme in die Festanstellung bemühen sollten. Sie wechseln gedanklich fliegend die Seiten, tauschen meine Berufe, bei denen man nie weiß, was etwas kosten soll oder darf und wann das Geld eigentlich kommt, gegen den Wunsch nach einer Festanstellung hier. Ich, die ich natürlich genau weiß, wie es Ihnen geht, sollte nicht überrascht sein, bin es aber doch. Was soll das denn jetzt auf einmal mit Ihren Gefühlen? Sie sind doch eigentlich ganz anders. Und vor allem hatten Sie vorhin noch Pläne für dieses Unternehmen und nicht nur für Ihr eigenes privates Arbeitsleben. Also?

Darauf reagieren Sie nicht, Sie sind mit dem Receiven von Büchern beschäftigt und zudem mit der Pflege und Inzaumhaltung Ihres Zustands. Aber ich kenne Sie, und weiß, woher Ihre Gefühle stammen: Sie haben einfach zu viel ferngesehen. Sie würden das nie zugeben, aber Sie denken an diese schlichte Lösung: Sie ziehen in das Herz des Hubwagenfahrers ein, woraufhin dieser Sie wendig der Festanstellung entgegenfährt. Der trägt Sie über die eigentliche Schwelle des Unternehmens. Von da an haben Sie ein Leben, das sich in leicht verständlichen Sätzen erzählen lässt.
Sie haben eben leider ein Freitagabendfernsehfilmherz, das genau zu wissen meint, dass der Mensch eine Liebe haben muss, die in keiner Hinsicht bedrohlich oder zu herausfordernd ist. Eine beruhigende Liebe, eine Sonnenbank mit Schattenplätzen bei Bedarf. Das würden Sie so jedoch nicht sagen. Sie würden sagen: Tja, es ist eben passiert.

Ich denke einstweilen an Anke, die mir gern erzählt, wie sie im Haus der Kulturen der Welt arbeitete. Sie und alle anderen Aushilfen, die nachher die Ausstellung bewachen sollten, trugen Uniformen und erhielten von der nicht uniformierten Assistentin der Kuratorin eine Führung. Die Assistentin sagte zu einer Arbeit, diese sei beeinflusst vom Werk Paul Bourdieus, woraufhin einer aus dem Kreis der angehenden Museumsaufseher fragte, ob dies der kleine Bruder von Pierre Bourdieu sei, woraufhin wiederum die meisten der uniformierten angehenden Museumsaufseher lachten. Die Assistentin der Kuratorin verstand nicht, warum gelacht wurde. Die Uniformierten kicherten weiter und kicherten sich da auch in eine Verzweiflung hinein oder kicherten eine Verzweiflung aus sich heraus, weil sie, die sich da etwas erzählen lassen mussten, mehr wussten als jene, die erzählte. Die schlecht bezahlten, aber sehr gut ausgebildeten Uniformierten saßen später zur Mittagspause auf einer Treppe des HKW und sahen, sagte Anke, wie zu alt gewordene Internatsschüler aus, die längst aus ihren Uniformen herausgewachsen waren.

Sie können ja bleiben, sage ich, können ja hier Ihr Hirn zum Stillstand bringen, aber Sie bleiben sowieso nicht. Es ist nämlich einfach nur so, dass „das Leben, das für alle anderen Tiergattungen identisch mit ihrem Sein überhaupt ist, [...] für den Menschen, wegen des ihm innewohnenden ‚Widerwillens gegen Vergeblichkeit' und Vergänglichkeit so wenig mit seiner Existenz zusammen[fällt], daß es ihm sogar als eine Last erscheinen kann." Und weil Sie ich sind, und ich in den grundsätzlichsten Dingen wie alle, verkraften Sie keine zusätzliche

Last mehr, vor allem nicht jene Last der sinnlosen Tätigkeit, die Sie, vollkommen verständlich und dennoch unangebracht, durch eine Schwärmerei und den Glauben an die Notwendigkeit einer Festanstellung zu überdecken versuchen.

Sie drücken den Knopf, um die rote Lampe über Ihrem Arbeitsplatz zum Leuchten zu bringen, die den Hubwagenfahrern signalisiert, dass neue Ware gebraucht wird. Die Bücherkiste neben Ihnen ist leer, Sie warten auf Nachschub, nervös wie vor einem Date.

Tatsächlich kommt jener Hubwagenfahrer, den Sie meinen, auf Sie zugefahren, jedoch ohne Ware aufgeladen zu haben. Er sagt, Sie sollen, wenn Sie gerade nichts zu tun haben, zu Falk am Lead-Platz gehen. Er blickt leicht schräg an Ihnen vorbei. Sie sagen nichts, eilen los und wissen schon gleich nicht mehr, wie seine Stimme klingt. Sie gehen zu Falk, spüren Blicke, die der Fahrer Ihnen nicht hinterherschickt. Falk sieht auf, sieht gleich wieder nach unten.
Ja, sagt er, dann fang mal an.
Womit, fragen Sie.
Hat er dir das nicht gesagt, fragt Falk.
Nein, sagen Sie.
Er sollte dir das aber sagen.
Vielleicht hat er es vergessen.

Ja, sagt Falk. Ist dir nicht kalt, so im T-Shirt?
Nein, sagen Sie, ich musste gerade viel heben.
Gut, sagt Falk. Er beendet einen Vorgang am Rechner. Dann sieht er auf: Wir legen ja Wert auf Sauberkeit, und deshalb nutzen wir die Zeit, in der wir keine Ware haben, um die Halle sauberer zu machen. Feg doch bitte die Halle im Receive-Bereich.
Wo ist das denn, fragen Sie.
Der reicht bis unter das Transportband auf der einen Seite und auf der anderen bis zum Glaskasten der Chefs.
Sie lassen sich Besen, Eimer und Kehrset geben. Sie beginnen, den grauen Boden zu fegen, es staubt, Sie müssen husten, Sie wissen nicht, wo sie anfangen sollen. Die Halle ist schlecht zu säubern, auf dem Boden haften Reste alter Klebestreifen, die sich nicht wegfegen lassen, an denen sich der Schmutz verfängt. Sie fegen erst nur den gröbsten Dreck zusammen, werden dann aber doch genauer. Weil Sie den Überblick verlieren, fegen Sie manche Stellen doppelt. Sie sehen kein Ende, es kommt Ihnen so vor, als müssten Sie ein ganzes Wohnviertel fegen. Sie fegen und fegen, das Kehrblech hat einen Riss, es nimmt den Schmutz nicht gut auf. Sie fegen entlang des Glaskastens, betrachten die Chefs, von denen Ihnen am Anfang gesagt wurde, man könne ihnen alle Sorgen erzählen, aber Sie fürchten doch, dass die Sorgen, die man in den Glaskasten schüttet, durch die feinen Ritzen des Kastens nach

draußen rinnen würden. Im Glaskasten arbeitet jeder für sich, jeder an einem Rechner, vertieft, mit krummem Rücken sitzend, wird auf Bildschirme gestarrt. Sie fegen hier wie eine Mächtige, aufgerichtet, stark, ziehen den Besen auch mit Wucht am Glaskasten entlang, man soll innen hören, dass Sie fegen, dass um den Chefkasten herum gefegt wird. Sie fegen auch um Mitarbeiterbeine herum, man bedauert Sie: Machen die jetzt schon Arbeitsbeschaffungsmaßnahmen, fragt ein Kollege, schon gut, sagen Sie, dann stehe ich wenigstens nicht nur rum.

Sie sind mit einer feinen Staubschicht überzogen und haben noch nicht einmal ein Drittel der Fläche bewältigt, als Falk wieder vor Ihnen steht.

Fegst du immer noch, sagt er, das habe ich gar nicht gesehen. Ich bin noch nicht fertig, sagen Sie.

Falk sagt, es sei nun wieder Ware da, Sie können also zurück zu Ihrem Platz. Sie sehen ihm hinterher und wundern sich darüber, dass es nun egal ist, ob Sie fertig gefegt haben oder nicht, er fragte nicht einmal, wie weit Sie eigentlich gekommen sind.

Während Sie zu Ihrem Arbeitsplatz zurückgehen, kommt Ihnen in den Sinn, dass vielleicht sowohl der Hubwagenfahrer als auch Falk Ihnen nicht hatten sagen wollen, dass Sie fegen sollen, weil das Fegen, da niemand sonst fegte, da wirklich alle anderen an ihren Tischen standen und mit der spärlichen Ware hantierten, wie eine Strafarbeit wirken musste. Beide hatten auf den jeweils anderen spekuliert, um Ihnen nicht selbst die Nachricht überbringen zu müssen.

Aha, sage ich, und was ist das? Sie versuchen bedächtig und still zu lächeln, als hätten Sie ein wertvolles Geheimnis, aber so recht gelingt Ihnen das nicht. Soll das was sein, frage ich, soll das etwas anderes sein als Schüchternheit oder Feigheit oder Ungeübtsein im Übermitteln von Anweisungen oder etwas noch Profaneres?

Ach, Sie wollen die Herzen hoch, Sie wollen hier auch gesehen und gepflegt und freundlich behandelt werden, und wünschen, dass sich eine deutliche Verbindung zu jener Geschichte von Böll herstellen ließe, in welcher ein Kriegsversehrter als Menschenzähler an der Brücke arbeitet und alle Menschen zählt, nur seine kleine Geliebte nicht. Die will er nicht in eine Statistik fügen. Dass er das nicht tut, kommt ihm ungefähr so vor, als rette er sie zweimal täglich vor einem stillen Tod inmitten der Zahlen. Ja, sage ich, und? Ist doch klar, sagen Sie, dabei reden wir gar nicht direkt miteinander. Sie wollen auch so zärtlich betrachtet werden und haben keine Zeit, woanders zärtlich betrachtet zu werden. Ich verstehe. Und Sie verstehen auch. Sie haben sich selber vorgeführt, wie man sich vor trister, zugleich unter-und überfordernder Arbeit zu retten versuchen könnte. Sie hätten das irgendwie gern in echt, aber Sie kriegen das hier nicht in echt. Ich stopfe Ihnen eine Haltung in den Körper, damit Sie nicht durch die Halle schlurfen. Sie receiven noch einige hundert Bücher, und ich ziehe Sie dabei mit einem groben, schnellen Griff aus dem letzten Rest Verknalltheit, ganz so, wie man ein in den Parkteich gefallenes Kind rettet. Allerdings reicht bei Ihnen nicht ein beherzter Griff. Ich muss ein paarmal ziehen, Sie aus Ihren Gefühlen rupfen und zurück in den Zustand am Morgen bringen, als die Verknalltheit allenfalls ein Subtext war, den Sie weder aufgespürt, geschweige denn dechiffriert hatten. Und ja: Sie sind reif für einen Aufbaukurs Feminismus. Sie reiben sich die Augen, binden sich die Haare neu, nehmen Platz auf einem umgedrehten Tote. Sie schwänzen die letzten Minuten bis zum Schichtschluss und bemerken diese Möglichkeit, nun doch nicht verliebt zu sein, die wie einer von mindestens zwei Wegen vor Ihnen liegt. Da, sage ich Ihnen, gehen Sie nun lang. Und wenngleich Sie ein verzogenes, rührseliges Herz haben, sind Sie fast schon wieder bei Verstand und brauchen dieses Schlussbild, das aber dennoch kommt, eigentlich nicht. Sie begeben sich also zur Schlange an der Stechuhr und sehen den Hubwagenfahrer: Die Arme hat er von hinten um die Taille einer Problemerin gelegt, den Kopf auf deren Schulter. Das erreicht Sie kaum noch, sage ich. Sie sehen genau hin und wissen auch nicht recht.

In der Straßenbahn ist neben einem Bier trinkenden älteren Mann, der verwahrlost aussieht, jedoch einen gepflegten Hut mit sauberer, kein bisschen abgegriffener Krempe trägt, ein Platz frei. Eine Rarität um diese Uhrzeit. Sie drängeln sich zu diesem Sitz durch. Sie haben eine Art Beziehungsende hinter sich. Mit Mühe und Willenskraft sind Sie aus einer Zukunft zurück in die Gegenwart gekommen und können sich kaum noch an Ihre Vorstellungen und Pläne vom Morgen erinnern. Sie brauchen jetzt nur einen Sitzplatz. Der Mann stinkt, Sie setzen sich dennoch und versuchen, nur durch den Mund zu atmen.
Der Mann hebt seine Bierflasche und prostet Ihnen zu. Beruflich bin ich Straßenbahnfahrer, sagt er. Ich fahre eben die ganze Zeit Straßenbahn und komme aus Herzberg und habe deshalb das Herz am rechten Fleck und kann deshalb nicht arbeiten, sondern muss Straßenbahn fahren.
Sie nicken, dann schließen Sie die Augen, der hat keine Neuigkeiten für Sie. Wichtiger ist Ihr Zwischenstopp am Kontoauszugsdrucker der Bank, den Sie hauptsächlich einlegen, um sich zu beweisen, dass es nicht nur bezüglich Ihrer enttarnten und wegstrukturierten Schwärmerei schlimm um

Sie steht. Wider Erwarten ist aber Geld auf dem Konto. Das heißt: Amazon hat Ihnen das erste Gehalt überwiesen. Das Konto ist zwar noch immer im Minus, aber das fällt Ihnen, die Sie an ein Minus gewöhnt sind, kaum auf.

Sie gehen in einen Trekkingladen und probieren Wanderschuhe an. Sie spazieren über den künstlichen Pfad, der aus dicken Steinen, einer Holzbrücke und einer Eis imitierenden, glatten Fläche besteht. Sie behalten die Schuhe gleich an, bezahlen und gehen zurück in den Schnee. Sie haben Kaufkraft, eingeschränkt, aber Kaufkraft, und Sie haben Gehkraft. Sie treten fest auf, rutschen nicht und haben warme Füße. Die alten Stiefel mit der zerbrochenen, nicht wintertauglichen Sohle tragen Sie in einer Tüte in der Hand. Am Weihnachtsmarkt, der in wenigen Stunden eröffnen wird, bleiben Sie stehen und stopfen die Stiefel schließlich entschlossen in einen Papierkorb. Ich, deren Stiefel Sie da wegwerfen, habe das anders gemacht, habe die Stiefel nach Hause getragen, im Frühling wieder angezogen und mich, obwohl sie wirklich innen und außen zerschlissen waren, einfach nicht davon trennen können. Ich mochte die Stiefel zu sehr, um sie wegzuwerfen, und ich dachte auch: Besser man hat. Man weiß ja nie.

Neun

Weil es allmählich Zeit wird, zum Ende zu kommen, und weil Sie vermutlich bessere Pläne haben und nicht länger als nötig Saisonkraft sein wollen, springen wir wieder ein paar Tage nach vorn, was wir die ganze Zeit schon tun. Allerdings bin ich es, die springt. Sie schlurfen mittlerweile eher, gehen behäbig mit schweren, fast immer brennenden Füßen. Sie müssen laut Vertrag lediglich noch zwei Wochen arbeiten, werden diese zwei Wochen jedoch nicht ableisten, was Sie allerdings nach wie vor nicht wissen. Weihnachten rückt unerbittlich näher und ist Ihnen, wenn Sie den Warenaufruhr im Versandlager bedenken, ein Graus. Wenn Sie jedoch an das mit Weihnachten zusammenfallende Auslaufen des Vertrages denken, eher eine Rettungsinsel.

Von Ihrem ersten Gehalt haben Sie sich eine Weihnachtspyramide bei Ebay bestellt. Als die Pyramide ankommt, sehen Sie, dass eine Seite der Pyramide verkohlt ist, auch fehlt ein Schaf, ein zartes, fein geschnitztes Schaf mit rosa Kopf. Das immerhin finden Sie zwischen zerknülltem Zeitungspapier in der Kiste. Sie bauen die Pyramide auf, stecken die Flügel ein, befestigen Kerzen in den Haltern und zünden sie an. Die Pyramide dreht sich nicht. Sie pusten, dann geht es halbwegs, aber eigentlich geht es nicht. Sie prüfen, ob Sie alles richtig aufgebaut haben, setzen das abgefallene Schaf an seinen Platz, die Pyramide dreht sich nicht. Sie bauen sie ab, stopfen sie zurück in die Kiste, stellen die Kiste auf den Balkon, würden sie am liebsten in den Hinterhof werfen, aber unten spielen Kinder.

Weihnachten, diese Sache also. Weihnachten, auf das das Jahr hinauszulaufen scheint. Sie müssen etwas anderes finden. Das Weihnachten, das Sie da im Sinn haben, wird sich nicht bei Ihnen einfinden. Und käme es der Vorstellung entsprechend, steuerten Sie glatt angewidert daran vorbei.

Der Weihnachtsmarkt hat seit einigen Tagen geöffnet und interessiert Sie nicht weiter. Trotzdem treffen Sie sich auf dem Heimweg mit einer Freundin auf einen Glühwein, trinken schnell, bestellen den nächsten, um ein wenig betrunken und warm zu werden. Um Sie und die Freundin herum eine Gruppe junger Männer, die aufrücken (jeder der Männer hat einen Glühwein in einer Hand und in der anderen eine Riesenbratwurst XXL oder zwei Glühwein und zwei Riesenbratwürste XXL). Sie stehen in einer Männerklammer, deren Gesprächsinhalt Sie und Ihre Freundin Miriam zu sein scheinen.

Sie ziehen sich zurück, entrinnen gemeinsam mit der Freundin dieser Gruppe, stehen dann erhöht auf einem Haufen zusammengeschobenen Schnees: als könnten Sie die ganze Welt in Ruhe betrachten. In einem Museum wären Sie jetzt wirklich besser aufgehoben, folglich trinken Sie hastig aus, haken sich bei der Freundin ein und gehen ins Bildermuseum. Sie atmen auf. Sie gehen ein in die Details, Sie werden zu Details der Bilder, streifen sich ab, und das Gehen und Schauen und Näher und Ferner und wieder Näher haben Sie sehr vermisst, das kam alles zu kurz. Sie sind in der kurzen Saisonarbeitszeit bereits in ein ziemliches Defizit geraten, aber natürlich kommen Sie da wieder raus. Nur nicht sofort. Es ist nur noch eine Frage der Zeit, eine Frage weniger Tage, genau genommen. Sie könnten sich also eigentlich beruhigen, aber ich rate Ihnen nicht zur Ruhe. Ich rate in dieser Hinsicht niemandem zur Ruhe. Sie brauchen weder Ruhe noch Geduld, verwerfen Sie alle Geduld, die ohnehin nur eine Imitation der echten Geduld ist. Ihre aufs Durchhalten gerichtete Geduld wäre Gehorsam, wäre der Glaube an die Notwendigkeit, für Fitzelchengeld Batzenarbeit verrichten zu müssen, wäre nichts als ein Besänftigungsreflex. Bleiben Sie bitte unruhig und bemerken Sie das Defizit, das in Ihrem Fall tatsächlich noch kein exorbitant großes ist. Aber rechnen Sie hoch, was wäre, wenn

Sie bei Amazon oder einem vergleichbaren Arbeitgeber blieben, was dann an Ausgleich und Reisen und Erholung noch möglich wäre.
Sie sind ja nicht tot, das kann auf jeden Fall gesagt werden. Sie sind im physiologischen Sinn lebendig, sind auch im übertragenen Sinn lebendig, aber Ihre Potenziale ruhen tiefer als gewöhnlich, liegen unter Ihrer Müdigkeit. Sie zählen Tage, nennen jeden Tag *einen Tag weniger* und steuern eine Grenze an, eine Klebelinie, die Sie anschließend auf jene Klebelinie legen werden, die sich vor dem Beginn der Saisonarbeit befindet oder besser noch vor der Zeit, in der die Notwendigkeit entstand, eine Saisonarbeit aufzunehmen. Sie werden diese Zeit, die vorhersehbare Erfahrungen und ein wenig Geld brachte, zwischen diesen Klebelinien eingefaltet wissen, von der Zeit davor und der künftigen Zeit abtrennen und gesondert aufbewahren oder – besser noch – verlieren.

Sie sind so erschöpft, wie ich es war; jeden Nachmittag fiel ich in einen Spontanschlaf und hatte Kinder an meinen Augenlidern zupfen, die sich so wieder in mein Gesichtsfeld zu bringen versuchten. Spiel, sagten die Kinder, und ich sagte *ja*, aber schlief gleich wieder ein und dachte, ich würde gern, aber ich will nicht. Lasst mich in Ruhe. Ich muss schlafen.

Die Familie ist ja übrigens das kontinuierliche Störgeräusch des Arbeitnehmers. Die Familie ist das, was dann zu hören ist, wenn der Arbeitnehmer sich von der Arbeit ausruhen möchte, von welcher Arbeit auch immer. Der Arbeitnehmer sieht seine Familie lieber schlafend, und da spricht nicht sein Herz, da spricht der müde Körper des Arbeitnehmers. Sie werden, wenn Sie schließlich zerfallen, das alles verstehen. Genau genommen, werden Sie sagen, kann einer ja kaum mehr leisten, als einer Vierzigstundenwoche nachzugehen, insofern er einer solchen nachgeht. Das ist doch alles zu viel. Und es gilt, was Byung-Chul Han schreibt: „Aus erschöpften, depressiven, vereinzelten Individuen lässt sich keine Revolutionsmasse formen".

Im Museum haken Sie sich bei Miriam ein, Sie spazieren, haben kein konkretes Ziel, steuern irgendwann auf Böcklins Bild der Toteninsel zu, das am Ende einer langen Raumflucht hängt. Das Bild ist wie immer überraschend klein, und wie immer werden Sie gleich überrascht Böcklins Initialen auf einer der Grabkammern entdecken. Auf die Überraschung vorbereitet gehen Sie dichter an das Bild heran, aber da tritt einer vor das Bild und will es gar nicht betrachten, sondern betrachtet etwas Unsichtbares, das, von Zeigefinger und Daumen gehalten, vor ihm zu baumeln scheint. Vermutlich, sagen

Sie leise zu Miriam, hält der da die Welt. Ja, der glaubt wirklich, die Welt in seiner Hand zu halten. Zu dem treten Sie und schnipsen gegen das vermeintlich Baumelnde, aber sehen den Mann selber gar nicht genau; seine Locken sind ein Nebel um seinen Kopf. Er tritt beiseite und geht Ihnen eine Weile nach. Sie ziehen das Tempo an, lachen mit Miriam, entkommen diesem Weltenhalter, diesem Nerd, durch die Kammer mit Rousseaus Herzen. Gebückt gehen Sie durch die Tür, passieren das pumpende Silikonherz, hängen den Verfolger ab. Im Museum können Sie es heute gut aushalten, aber bald ist es wieder so weit, und Sie werden keine Schonung mehr benötigen.

Wie ist es jetzt eigentlich, fragt Miriam und meint damit die Arbeit. Von der Decke des Museums hängen riesige rote Pfeifen. Ach, sagen Sie, denn genau genommen wollen Sie nicht darüber reden und außerdem fehlen Ihnen die Worte, denn kaum da Sie wussten, wie alles dort ist, ist alles, wenn auch vergleichbar, so eben doch vollkommen anders.

Man hat Sie gebeten, in eine andere Gruppe zu wechseln, wo noch gute Leute gebraucht würden. Das hörten Sie irgendwie gern. Die, in deren Gesellschaft Sie bisher arbeiteten, sehen Sie nun nicht mehr. Die haben von nun an Spätschicht, Sie weiterhin Frühschicht inmitten neuer Kollegen. Was Sie beim Wechsel nicht bedachten: Sie haben nun einen neuen Chef, jenen, den Sie zuvor, wenn Sie nach der Frühschicht inmitten der Kollegen anstanden, um die Schleuse in den Feierabend zu passieren, von oben beobachteten, den Sie vom ersten Moment an für die Deutlichkeit seiner Verkörperung eines Chefs hassten, den Sie wirklich inbrünstig und mit unrelativierten Kindergefühlen sofort hassten, weil er gemein wirkt und wie ein Angeber, dessen Angebereien zwar vollkommen offensichtlich sind, die jedoch, weil er zudem über rhetorische Schnittigkeit und ein Arsenal feiner, gezielt setzbarer Beleidigungen verfügt, jeder und jede ihm durchgehen lässt; einer, den alle schnell weghaben wollen, ihn deshalb auf der Karriereleiter nach oben winken, was in diesem und ähnlichen Fällen immer die falsche Richtung ist. Ja, sagen Sie zu Miriam, es ist natürlich albern, jemanden dafür zu hassen, dass er inmitten von T- und Sweatshirtträgern jeden Tag ein immer gut gebügeltes, strahlend weißes Hemd trägt, aber so ist es eben.

Später werden Sie Ihre Wut überführen und sich von diesem plakativen Feindbild eines Vorgesetzten lösen können, aber einstweilen stecken Sie da aufs Unkonstruktivste fest und denken nicht einmal im Entferntesten an die Möglichkeit, den Kinderhass auf den Chef beiseitezulegen und zur Kritik an der Struktur überzugehen, die einen solchen Chef ermöglicht. Sie beißen sich fest, haben wirklich kein weiter entferntes Ziel vor Augen, sondern nur die Störung des Moments im Blick.

Die, die nun Ihre Kollegen sind, sind ein straffes Stammteam, sportlergleich und trainiert wirkend, als wäre kein zu weicher, nachgiebiger Körper dabei, kein Schmerz, keine Arbeitsunlust, nichts Trödelndes. Denen scheinen auch die Warnwesten besser zu passen, da flattert und schlackert nichts. Ihre Weste hingegen rutscht nach wie vor mal von der linken, mal von der rechten Schulter. Aber hier, im hinteren Teil der Schlange, wo Sie nun wie jeden Tag, heute jedoch mit einem leichten Glühweinkater, inmitten der anderen Saisonkräfte auf den Schichtbeginn warten, sitzen alle Westen lose und schief oder zeigen Flecken. Sie schlafen noch fast und hören mit geschlossenen Augen das Gespräch zweier Frauen hinter sich. Die beiden besprechen ihre Tagesabläufe miteinander: Aufstehen 2 Uhr morgens, um rechtzeitig zum Zug zu kommen, der allerdings oft Verspätung hat, wenn er überhaupt kommt und nicht nach langer Wartezeit ein Schienenersatzverkehrbus bereitgestellt wird. Anschließend die normale Arbeitszeit absolvieren, dann nach Schichtschluss das Eilen zur

Straßenbahn zum Bahnhof, dann das Eilen durch die Bahnhofshalle, immer die knappe Zeit im Sinn und den Versuch, einen Zug zu erreichen, der nun hoffentlich Verspätung hat, weil er sonst nicht zu erreichen ist. Manchmal läuft alles rund, sagt eine der Frauen. Ha, sagt die andere, das kannst du an drei Fingern abzählen. Aber, sagt die eine, manchmal ist alles perfekt. Die kleinste Verzögerung hat jedoch zur Folge, dass die Frauen rennen müssen, also rennen sie meistens, und rennen meistens vergeblich. Dann warten sie, plötzlich wie entschleunigt, was aber täuscht. Sie schlendern durch den Bahnhof, der eher eine Mall ist, besichtigen Geschäfte, die sie jetzt schon auswendig kennen. Gegen ein bisschen Geld, sagt die eine, könnten wir nebenbei die Auslagen aufräumen. Stattdessen aber geben sie den Lohn einer Arbeitsstunde für Kaffee und Brötchen aus und rechnen nicht zusammen, was da an Ausgaben entsteht, rechnen nur die Stunden zusammen, die sie jeden Tag weg von zuhause sind: Mindestens vierzehn Stunden.
Sie drehen sich um: Wo kommt ihr denn her?
Aus Chemnitz, sagt eine der beiden.
Was, sagen Sie. Warum kommt ihr denn von so weit, das ist doch überhaupt nicht sinnvoll.
Die Agentur schickt uns.
Aber gibt es denn nichts in Chemnitz, fragen Sie.
Doch, aber die Agentur bedient Amazon im Moment vorrangig, die Jobvermittler haben den Auf-

trag, erst die Leerstellen hier zu besetzen und sich dann um die anderen Job-Angebote zu kümmern.

Sie sehen eine Kreisstruktur der Anstrengung vor sich, sehen Landkarten, Reliefkarten mit konzentrischen Kreisen einer orange oder rot gefärbten Mühe, die aufgewendet wird, um den Arbeitsplatz Amazon pünktlich zu erreichen, sehen Ihren eigenen morgendlichen Weg zur Bahn, diese Schneise und Regelmäßigkeit, dieses effiziente Gehen, das keinen Umweg nimmt, in der Region vervielfältigt, sehen unzählige kleiner Schneisen des gezielten Gehens, Anreisens. Das ergibt eine Karte der alltäglichen Bodenverdichtung, eine Karte des morgendlichen Frierens sich zur Arbeit begebender Mitarbeiter. Es erscheint Ihnen geradewegs unangemessen hart, dass Kollegen aufstehen und sich durch die Winternächte bohren müssen, wenn Sie noch fest schlafen. Natürlich kennen Sie Berichte über Leute, die täglich kilometerweit durch wüstes Wetter laufen, um zur Arbeit und zurück zu kommen, aber das sind Geschichten aus einer Zeit, in der es normal und selbstverständlich war, bezwingbar zu sein.

Die Frauen sagen, sie hätten ja keine Wahl.
Was man so sagt.
Das Weihnachtsgeschäft hat die Lebenszeit zu vieler Leute in der Hand, sage ich.

Weiter vorn steht eine Frau in der Schlange, die Sie gestern im Umkleideraum kennengelernt haben. Sie war offensichtlich neu und zugleich ebenso offensichtlich routiniert im Neusein. Sie hatte sich die Schuhe ausgezogen, sich dabei nach einem Platz für diese Schuhe umgesehen, sie wirkte lässig und professionell, und durchaus hätte dies die Lässigkeit einer gut bezahlten Spezialkraft sein können, aber es war die Resignation einer routinierten Leiharbeiterin, einer erfahrenen Überallgastarbeiterin. 6,75 Euro, hatte sie gesagt, als Sie gefragt hatten, ob Sie das erfahren dürften. Und auch sie hatte gesagt: Ich habe ja keine Wahl.

Und natürlich, Sie hätten widersprechen dürfen und sagen: Doch, du hast eine Wahl. Aber Sie standen müde und erschrocken neben ihr, so wie Sie auch jetzt müde stehen; die Reflexe, auf die es ankommt, sind betäubt, also nickten Sie und nicken wieder und meinen: So kann man es auch sehen.
Ja ja, die müde Form des Realismus, die abgehalfterte Form des Realismus, der eher ein Nihilismus ist, aber das wollen Sie nicht hören. Ich soll jetzt also mit meiner Meinung nicht Ihren Morgen stören, ich soll nicht rumreden, denken Sie in meine Richtung, solle mich selber hinstellen und jeden Tag so schwer arbeiten wie Sie. Das rutscht Ihnen so raus, und ich verstehe schon: Sie tragen die Bürde des Alltags mit der perfiden Lohnarbeit, und

ich habe gut reden, habe das ja hinter mir. Weil ich aber nicht weiß, was vor mir liegt, und zwar zum Beispiel perfide Lohnarbeit grundsätzlich liebend gern für mich und sowieso für alle ausschließen will, aber nicht kann, versuche ich, Sie denken und sagen und tun zu lassen, was möglich ist, und versuche auch, Sie daran zu erinnern, dass sich kein Verzagen lohnt und dass alle Handlungsfähigkeit gewahrt bleiben muss, dass es darum geht, allein einer Handlung zuliebe zu handeln, damit sie in der Welt ist und sich weiterentwickeln kann. Ja, Sie mit Ihrem neuen Arbeitnehmerblick schauen direkt in das Sinnlose jenes Handelns, das eine vage Veränderung im Sinn hat; Sie haben mit Ihrem derzeitigen Arbeitgeber wie mit einer flauen Beziehung abgeschlossen, Sie sitzen das nur noch aus: Von dem ist nichts zu erwarten.

Aber was wissen Sie schon über den Ausgang einer begonnenen Handlung, was weiß irgendwer, der zu handeln beginnt, über den Ausgang einer Handlung; es ist eben so, schreibt Hannah Arendt: „Der Grund, warum wir unfähig sind, das Resultat und das Ende einer Handlung mit Sicherheit im Voraus zu bestimmen, ist einfach der, daß ein Getanes kein Ende hat. Der durch eine einzige Tat entfesselte Prozeß kann buchstäblich in seinen Folgen durch die Jahrhunderte und Jahrtausende dauern, bis die Menschheit selbst ein Ende gefunden hat.“

Ich meine mittlerweile nicht einmal mehr ein besonders kluges oder feines Handeln. Ich meine auch nicht, dass Sie Argumente gegen diese und vergleichbare Arbeit auflisten müssten und andere sorgsam davon überzeugen sollten, dass sich gegen Arbeit, die dem Arbeitnehmer als Menschen keinen Raum lässt, unbedingt aufzulehnen ist. Ich meine nur, Sie sollten mehr Schneid als ich haben und nicht versuchen, Ihre Arbeit möglichst gut zu verrichten, sondern eher versuchen, Ihre Arbeit schlecht zu verrichten.
Oder, wie Elfriede Jelinek schreibt: „Wer lebt, stört."

Sie sollten dem Arbeitgeber beweisen, dass Sie lebendig sind.

Wie weit reicht nun Ihr Einfluss bei Amazon? Sie nehmen Waren in Empfang und buchen sie ins System. Sie könnten Waren verstecken. Vielleicht nicht für immer, aber wenigstens für ein paar Tage könnten Sie Waren vor den Augen anderer verbergen und so aus dem Kreislauf ziehen. Sie könnten Produkte beschädigen und so tun, als wären sie bereits beschädigt angekommen. Sie könnten Ware subtiler beschädigen, so dass die Beschädigung erst beim Kunden auffällt. Sie könnten vorbestellte Ware nicht in das Tote für die vorbestellte Ware legen, so dass die Ware verspätet

beim Kunden ankäme. Sie könnten Staub in die Bücher streuen (nur in die schlechten und schlecht gemachten Bücher), Post-its beilegen, auf denen an die Käufer des Produkts gerichtete Beleidigungen stehen würden.
Und das wäre erst der Anfang. Sie könnten sich viele Kleinigkeiten einfallen lassen, Dinge tun, auf die ich nicht kam. Ich war ja bedauerlicherweise eingeschüchtert und zutiefst gekränkt. Aber Sie, Sie könnten also und können folglich stören. Natürlich käme man Ihnen auf die Schliche, denn in diesem Unternehmen fliegt alles auf, bis dahin jedoch hätten Sie ein wenig mehr am Arbeitsplatz gelebt und Ihrem Gehorsam den Befehl zum Rückzug erteilt.

Wir gehen nicht aus dem Buch, ohne dass Sie gehandelt haben werden.

Mein Freund übrigens erhielt vor ein paar Tagen wieder eine Sendung von Amazon, darin eine große Papierrolle, die jedoch vollkommen zerknickt bei ihm ankam. Erstaunt betrachtete er die Rolle, betrachtete dann den Verpackungskarton, der intakt war, und sagte: Das muss doch schon beim Einpacken zerknickt gewesen sein. Das sieht man doch, sagte er. Ja, sagte ich, das sieht man, und trug das Paket am nächsten Tag zurück zur Post.

Sie stehen in der Halle und warten auf die Ansage des Schichtleiters. Uwe, den Sie nicht kennen, den Sie jedoch zu kennen glauben, was vermutlich nur an der Warnweste und am allgegenwärtigen Du liegt, reicht ein Schreiben herum. Er war mit dem Handy in der Hosentasche durch die Schleuse gegangen, hatte gleich nach der Schleuse bemerkt, sein Handy noch dabei zu haben, war deshalb sofort wieder umgekehrt, zurück durch die Schleuse, deren Detektoren keinen Alarm gaben. Ohne gefragt worden zu sein, sagte er dem Wachmann, er müsse noch sein Handy in den Spind bringen, käme dann gleich wieder. Der Wachmann hieß ihn stehenzubleiben, nahm ihm das Handy vorläufig ab und schickte ihn zu einer Aussprache mit dem Securitychef. Dieser belehrte ihn und übergab ihm die Belehrung zum Unterschreiben:
Uwe wurde ermahnt und wird künftig darauf achten, kein Handy oder vergleichbare Gegenstände mit in die Halle zu bringen.
Unterschrift.

Das Schreiben geht nun herum, und die eigentlich überflüssige Frage lautet: Wo ist man denn hier? In einem anderen Jahrhundert? Wird man wie ein Schulanfänger gesehen, der noch an neue Regeln gewöhnt werden muss? Dieses Unternehmen als Mutter, als Vater gedacht, versagt vollkommen, man

kann das an seinen Mitarbeiterkindern sehen: Die zeigen sich auf die denkbar schlechteste Art. Die rüpeln und drängeln und sehen aneinander vorbei.
Natürlich wissen Sie genau, wo Sie sich befinden. Sie befinden sich in einer sogenannten flachen Hierarchie, in der alle flach Hierarchisierten danach lechzen, einen Gegner zu haben. Oder um es mit Rainald Goetz zu sagen: „Och nö, denkt man sich, je penetranter auf einen eingeredet wird, keinen Bock. Und je öfter irgendein Erziehungsziel wiederholt wird, je besser es begründet wird, umso größer wird ganz automatisch die Lust, das Gegenteil zu tun. Nur so zum Spaß. Um die Erzieherinnen bißchen zu ärgern." Nur wagt man sich hier eben nicht an die Erzieher und Erzieherinnen heran und begnügt sich mit seinesgleichen, schiebt dabei jedoch alles Gleiche aus dem Blick. Alle wollen gern ein klares und überschaubares Ziel, das sich leichter als ein ganzes Unternehmen treffen lässt.
Jetzt sind alle, die Uwes Belehrung gelesen haben, gegen die von der Schleuse, auch Sie sind gegen die von der Schleuse. Es ist wohltuend, gegen die von der Schleuse zu sein, denn es ist klar, die sind nicht so flach wie Sie und Ihre Kollegen in diese Hierarchie sortiert, die sind schon leicht erhöht. Überhaupt steigen bei genauerer Betrachtung rechts und links von jedem orangefarbenen Mitarbeiter die Flächen in die Höhe.

In der Morgenansprache wird vom Brief geschwiegen, statt dessen folgt die übliche Begrüßung zur Schicht durch jenen, den Sie hassen. Dieser Angeber oder „Angeber“ oder doch einfach Angeber betreibt nun das, was man bei Maschinen proaktive Wartung nennt, will Ihnen und den Kollegen etwas Gutes tun, bevor ein Schaden entsteht, und kündigt an, es gebe in der Mittagspause für alle Mandarinen, *weil ihr ein gutes Team seid.* Sie werden nach den Mandarinen Ausschau halten, wenngleich Sie das nicht wollen, und feststellen, dass keine Mandarinen da sind. Das macht Sie dann fast verrückt.

Neben Ihnen arbeitet heute Melly, was Sie wissen, weil Melly auf Sie zukommt, Sie begrüßt und ihren Namen nennt. Die möchten Sie gleich in die Arme schließen. Bisher hat sich keine Kollegin, kein Kollege, der in Ihrer Nähe arbeitete, bei Ihnen vorgestellt. Sie selbst haben das am Anfang so gehalten, haben zum Grüßen die Hand gereicht, aber sind schnell davon abgekommen, denken jedoch jetzt, das hätten Sie mal beibehalten sollen. Ja, das zum Beispiel wäre etwas gewesen: Alle zu begrüßen, im näheren Umkreis, im ferneren Umkreis, einfach alle in der Versandhalle mit einem Handschlag zu begrüßen und nicht aufzuhören, bis alle begrüßt gewesen wären, was bedeutet hätte, den Arbeitstag mit Begrüßungen zu bestreiten.

Sie receiven Bücher, heute weniger an den Büchern als an der neuen Kollegin interessiert. Melly wirkt wie eine bewegliche Skulptur, zudem wie die Muse ihrer selbst. Sie möchten sich bei Melly anschmiegen, die Brüste hat und Bauch und Po und weiche, aber starke Arme und ein freundliches Gesicht.

Sie receiven Palettenware, der Hubwagenfahrer, der die Ware gerade erst zu Ihnen gebracht hat, steht neben Ihnen und wartet darauf, die receivte Ware abzutransportieren.
Was, sagen Sie.
Na was, sagt er.
Ich arbeite, sagen Sie.
Sieht nicht so aus, sagt er.
Ich wäre gern ungestört, sagen Sie.
Ich würde gern weitermachen, sagt er.
Sie bücken sich, beginnen, die Folie von der Palette zu lösen. Darauf Ken Follett, nichts als Ken Follett. Der Hubwagenfahrer steigt von seinem Hubwagen, atmet genervt aus, zählt die Bücher in die Breite, zählt die Bücher in die Länge, zählt die versetzt gestapelten Schichten ebenso routiniert, aber vielleicht ja falsch, vermuten Sie, scannt dann ein Buch, tippt die Gesamtmenge ein, wirft den Scanner auf den Tisch, lädt die Ware wieder auf, fährt davon. Schlaf weiter, ruft er.
Und so geht das schon seit Tagen, seit Sie in der neuen Schicht sind.

Hier weichen die Hubwagenfahrer nicht von den Arbeitsplätzen, hier reden alle Hubwagenfahrer mit, hier kommt die Stammbelegschaft vorbei und ruft wie im Scherz: Versau uns nicht den Schnitt. Hier weht der sogenannte andere Wind. Hier ist es ungefähr so, wie Sie es sich in diesem Weltunternehmen vorgestellt haben. Ansonsten riecht die Luft nach Aftershave. Der Duft wird aufgefrischt, wann immer ein Hubwagen sich nähert.

Der nächste Hubwagen bringt Ihnen Kalender:
Alpen Panorama Infinity Kalender Immerwährend
Horses
Girls and Horses
Bathroom Romantic
Watercolour Dreamland
Alle übergroß und schlecht zu zählen, aber irgendein Hubwagenfahrer kommt, rupft Ihre sortierten Stapel auseinander, sagt: Das ist doch wirklich so einfach.
Was aber nicht stimmt. Also wirklich, es ist nicht einfach, für Sie ist das nicht ganz so einfach, Sie haben ja schon Mühe, die Kalender so zu heben und ohne sie zu beschädigen zu wenden, damit Sie die Produktnummer finden.
Melly, die rettende Muse, tritt zu Ihnen und weiht Sie ein: Hier ist alles anders als in der anderen Schicht. Die wollen hier die Besten sein. Deshalb drängeln die so. Und die Kollegen, sie weist auf

die Arbeitsplätze in der Nähe, wo hauptsächlich Mitarbeiter aus dem Stammteam arbeiten, lassen sich nur gute Ware bringen, damit sie schneller receiven können. Nicht hundert verschiedene Bücher, kein Spielzeugschnickschnack, nichts, was man anfassen muss. Die kriegen nur Palettenware. Die Hubwagenfahrer suchen in den Docks nach der guten Ware, damit das hier die beste Schicht bleibt. Paletten voll mit einer Sorte Buch, also 500 Bücher in fünf Minuten receivt, so machen die das den ganzen Tag. Turboschicht, sagt Melly. Du musst dich also mit den Hubwagenfahrern gut stellen, dann bringen sie dir auch gute Ware.
Stellst du dich gut mit denen, fragen Sie.
Quatsch, sagt Melly, die sind mir egal. Und der Durchschnitt ist mir egal. Ich arbeite nächste Woche wieder in der anderen Schicht, die hier interessieren mich gar nicht.
Sie sehen sich um und verstehen nun die Reste, die Sie sonst immer vorfanden: Schwierige Fälle, für die eine Lösung gefunden werden musste, Produkte mit falschen Nummern, die das System nicht erkannte, Produkte, die durch die weite Halle in eine andere Abteilung transportiert werden mussten, Produkte, mit denen einfach mehr zu tun war, als sie nur ins Tote hinein oder auf die Palette zu receiven. Für diese Fälle bleibt in der Turboschicht keine Zeit, die Turboschicht bearbeitet nur die

gute schnelle Ware. Die nächste Schicht bearbeitet die Reste.

Von rechts zieht es kalt zu Ihnen, das Docktor schließt mal wieder nicht. Aber links leuchtet Melly mit den weichen braunen Armen. Sie tun kurz gar nichts. Da steht plötzlich Sebastian neben Ihnen, hat seine Feedbackzettel neben Ihre aufgestützten Hände auf den Tisch geworfen. Guten Morgen, sagt er. Sie schrecken auf. Schon wieder Feedback, sagen Sie. In unserer Schicht gibt es jeden Tag Feedback, sagt Sebastian. Er wirkt seltsam fade, ein Gesicht, das sich nur schlecht erinnern lässt, das Sie heute wieder wie ein unbekanntes sehen. Allein sein rechtes Ohrloch erkennen Sie wieder. Er hat eines dieser gedehnten, übergroßen Ohrlöcher. Ein Loch von einem Zentimeter Durchmesser, eingefasst von einer hölzernen Öse. Das Loch gibt den Blick auf einen Leberfleck frei. Auf den schauen Sie, während Sebastian seine Statistik referiert: Im Bereich *small* im Schichtniveau, im Bereich *medium* drastisch darunter, im Bereich *large* auch unter dem Schichtniveau. Das muss alles besser werden. Du bist doch nicht mehr neu hier.
Sie sagen: In der anderen Schicht war ich gut.
Er sagt: Die andere Schicht ist egal. Er nimmt die Blätter auf, geht weiter.
Sie sagen: Aber ich hatte gar keine Produkte aus dem Bereich *medium*.

Trotzdem warst du unter dem Schichtdurchschnitt, sagt Sebastian und legt seine Blätter bei Melly ab. Die nickt, hört ihm aber gar nicht zu. Sebastian redet ausführlicher mit Melly als mit Ihnen, aber die arbeitet weiter, er monologisiert. Melly, die Muse, gibt ihm nicht die Ehre, die sagt, er stehe ihr im Weg, sie käme nicht an die Ware, was schlecht sei für die Bilanz, wie er sicherlich wisse.
Sebastian zieht weiter. Melly tippt sich mit dem Finger an die Stirn.
Der ist aufgelaufen, sagen Sie.
Mir muss niemand sagen, wie ich arbeite, ich weiß selber, wie ich arbeite, sagt Melly.
Die haben ja alle einen Knall.
Das kann mir aber nichts anhaben.
Ich mach mich hier nicht tot.
Hör einfach nicht hin, der spinnt.

Sie beide sind von da an ein Hexenteam und als solches die logische Reaktion auf die Zahlen und Kurven und die alltägliche Ansage, es müsse schneller gearbeitet werden, man liege erneut unter dem Schichtdurchschnitt. Jede Hexe ist das Resultat einer albernen Macht und keine wirkliche Hexe, sondern ein Zitat, ein Verweis auf jedes Märchen, das einem wie Sebastian vielleicht einmal erzählt worden war und das ihn insgeheim immer noch erschrecken kann. Ja, den wollen Sie erschrecken. Darüber denken Sie ausschweifend nach und verpassen den Anfang der Mittagspause. Sie sehen sich um: Melly ist weg, Sie hätten die Pause gern mit ihr verbracht.

Sie eilen die Treppen hinauf, halten Ausschau, finden Melly nicht. Wenigstens entdecken Sie Martin in der Kantine, neben dem Sie vor ein paar Tagen gearbeitet haben. Sie wollen jetzt nicht mehr allein das Essen in sich hineinschaufeln. Bei Martin sitzen ein grauhaariger Mann mit Zopf, Wolfgang, und eine ältere Frau, Roswitha, die sich Rosi nennen lässt. Rosi isst belegte Brote, Wolfgang auch. Martin isst Pommes mit Currywurst, Sie essen die immergleichen Mittagsnudeln. Weiße Weihnachten, sagt Rosi, ewig keine weißen Weihnachten mehr, und jetzt ausgerechnet, wo wir hier drin hocken müssen. Na ja, sagen Sie, es ist doch noch Zeit bis Weihnachten. Wolfgang beißt in seine Stulle, spricht mit vollem Mund: Ich lege nicht viel Wert auf Weihnachten, ich gehe mit meinen Freunden in eine Höhle, dort verbrennen wir einen Baum, das ist mir genug, und dann ist Weihnachten wieder vorbei. Er packt ein weiteres Paket Stullen aus, nimmt den Inhalt ins Visier, was habe ich mir denn da eingepackt, sagt er, darauf habe ich aber keine Lust. Er packt die Stullen wieder ein. Da muss ich am Abend mit mir schimpfen, dass ich nicht aufgegessen habe.

Lustige Menschen und alle mit Subtext und alle wären liebend gern woanders. Sie wünschten, die Pause würde länger dauern.

Im Umkleideraum, wo Sie kurz vor Pausenende Ihre Thermosflasche einschließen, steht Ihnen Robert, der Ausbilder vom Anfang, im Weg. Er verteilt leere Spinde an neue Mitarbeiterinnen. Ich gucke euch nichts weg, sagt er in Richtung zweier sich neben ihm umziehender Frauen. Eine dieser Neuen blickt vom Hoseausziehen auf und fragt, wo sie ihre Sachen nun eigentlich hintun soll. Die leeren Schränke hätten alle keine Schlösser. Robert legt ihr, die sich gerade das Hosenbein über den linken Fuß zieht, die Hand auf die Schulter und sagt: Kleiner Tipp für dich, kauf dir ein Schloss.

Meine Güte, denken Sie, das kann doch nicht so schwer sein, einen normalen Satz zu sagen. Sie sagen, was Sie vor ein paar Tagen erfahren haben: An der Wache gibt es manchmal Schlösser, die man sich für einen Tag ausleihen kann.

Sie gehen zurück zu Ihrem Arbeitsplatz. Eine untersetzte Frau mit grüner Leuchtweste wühlt in der Kiste mit dem Altpapier. Auf ihrem Rücken lesen Sie *Security Nord*. Melly flüstert Ihnen ins Ohr: Das ist der Spürhund. Die guckt, dass wir keine

Ware im Abfall verstecken und aus der Halle zu schmuggeln versuchen.
Die Spürhundfrau reicht mit ihren kurzen Armen nicht auf den Boden des Altpapierkartons. Sie wühlt nur die Oberfläche auf, legt gefaltete Kartons von der einen auf die andere Seite, klappt einen Zollstock aus und sticht sich bis unten durch. Sie sieht die Mitarbeiter, deren Abfälle sie durchsucht, nicht an, weder grüßt sie beim Kommen, noch beim Gehen. Sie arbeitet als kleine Geste des Misstrauens, als warnender Gruß aus den höheren Bereichen der flachen Hierarchie. Humpelnd zieht sie weiter, Sie sehen ihr hinterher.
Das ist ja heute alles nicht zum Aushalten.

Sie receiven das folgende Buch: *Das Frustjobkillerbuch. Warum es egal ist, für wen Sie arbeiten*. Sie lesen den Klappentext: „Ich verdiene zu wenig Geld. – Der Chef weiß meine Arbeit nicht zu schätzen. – Alle quatschen mir rein. – Jeder Tag ist gleich. – Alle Kollegen sind geisteskrank. Kennen Sie das? Herzlichen Glückwunsch, Sie haben Ihren Traumjob gefunden! Ja, Sie haben richtig gelesen: Der Job, den Sie haben, ist der beste, den Sie kriegen können. Volker Kitz und Manuel Tusch weisen überzeugend nach: Alle Jobs sind im Prinzip gleich, und die Ursache für den Frust am Arbeitsplatz liegt in uns selbst. Die beiden Coaches entlarven die häufigsten Gründe für den Jobfrust und stellen eine verblüffend wirksame Methode vor, mit der Sie den eigenen, nervenden Berufsalltag aus eigener Kraft ändern und verbessern können – garantiert ohne platte ‚Denke positiv'-Formeln!"

Sie tragen das Buch zu Melly und lesen ihr vor, was Sie gerade gelesen haben. Sie sagen: Herzlichen Glückwunsch, wir haben unseren Traumjob gefunden. Sie sagen: Die Ursache für den Frust am Job liegt in uns selbst.
Aber hallo, sagt Melly.

Sebastian tritt erneut überraschend hinzu. Sie wissen nicht, wie er es schafft, so spät bemerkt zu werden.
Wenn es Fragen gibt, bitte an mich oder die erfahreneren Mitarbeiter wenden. Gibt es Fragen? Nein, sagt Melly, nur Antworten. Weil es offensichtlich nötig ist, sagt Sebastian zu Ihnen, kriegst du jetzt nochmals eine Einweisung. Du musst schneller werden. Sie gehen zurück zu Ihrem Arbeitsplatz und verdrehen, so dass Melly es sehen kann, die Augen. Natürlich hätte Ihnen etwas Besseres einfallen können. Haben wir ein Problem, fragt Sebastian.
Ja, sagen Sie.
Das denke ich auch, sagt Sebastian.
Sie starren auf den braungelben Leberfleck hinter seinem Ohr.
Du solltest jetzt besser zuhören, sagt er.

Aha, sagen Sie.
Nicht in dem Ton, sagt er.
Der Ton macht die Musik, sagen Sie und lachen ihn herausfordernd an. Sie sind bereit, sich mit ihm vor den Docks auf eine Prügelei zu treffen. Wie ginge die Prügelei aus? Sie wären erledigt vom Schlagen und Geschlagenwerden, aber etwas in Ihnen wäre befriedigt.
Oder nein: Sie sagen doch nicht, dass der Ton die Musik macht, und lachen auch nicht herausfordernd, sondern schweigen.
Er nimmt ein Buch aus der Kiste, hält es vor den Scanner, drückt Enter, legt das Buch ins Tote. Das wiederholt er drei Mal. Was fällt dir auf, fragt er.
Du hast drei Bücher receivt, sagen Sie.
Er sieht Sie provozierend an. Ich habe Ware receivt, ohne sie zwischendrin abzulegen, anzuschauen, hin- und herzuwenden. Ich habe die Qualitätsprüfung und das Receiven in einer einzigen fließenden Bewegung ausgeführt.
Mensch toll, aber das sagen Sie auch nicht.
Mach das bitte noch einmal, sagen Sie. Sebastian wiederholt den Vorgang.
Er entfernt sich, ruft im Gehen: Und so machst du das jetzt bitteschön auch.

Es ist eben so: Sie arbeiten so schnell Sie können, arbeiten in wechselndem Tempo, Sie starren zwischendrin an die Hallendecke, ohne dass Sie das

geplant haben. Wenn Sie etwas können, heißt das für Sie nicht, dass Sie deshalb darin schneller werden müssten. Etwas zu können, beruhigt Sie lediglich, weil Sie dann weniger Aufmerksamkeit auf die Arbeit verwenden müssen, abschweifen können, wenn Ihnen danach ist. Sie sind nicht grundsätzlich an Optimierung interessiert. Sie sind auch nicht grundsätzlich gegen Optimierung, Sie denken lediglich meistens nicht daran, Handlungen zu optimieren. Ich habe ja auch noch nie einen Kurs im Schnelllesen oder Schnelltippen absolviert.
Dennoch legen Sie sich versuchsweise ins Zeug, betrachten kein Buch genauer, sind nur am Tempo interessiert; das ist eine Art Downhill-Rennen. Sie machen sich schmal, schieben alle Versuchung, eines der Bücher aufzuschlagen, von sich. Aber nach einer halben Stunde ist es damit vorbei, dann schlagen Sie doch wieder ein Buch auf, lesen einige Sätze und entspannen.

Am intensivsten arbeiten Sie hier an Ihren Armmuskeln. Sie haben wirklich fantastische Armmuskeln bekommen. Zart und stark zugleich. Die sind ein echter Mehrwert dieser Arbeit. Oder der eigentliche, heimliche Inhalt. Der sich aus dem Kontakt der Arbeit mit Ihrem Körper ergebende Begegnungswert sind Ihre Armmuskeln, aber mehr Begegnungswert ist nicht.

Neben Ihnen steht eine Kiste voll mit ähnlich aussehenden Büchern, alle von einer Autorin, kaum ein Buch doppelt. Sie receiven nun in der neuen, fließenden Bewegung, fast ist das elegant, und lesen Melly die Titel der Bücher vor:

Das Marketinggeheimnis für Zahnärzte. Wie Sie in 12 einfachen Schritten Ihren Umsatz steigern – auch ohne BWL-Studium oder Marketing-Budget.
Das Marketinggeheimnis für Catering-Unternehmen. Wie Sie in 12 einfachen Schritten Ihren Umsatz steigern – auch ohne BWL-Studium oder Marketing-Budget.
Das Marketinggeheimnis für Fitnessstudios. Wie Sie in 12 einfachen Schritten Ihren Umsatz steigern – auch ohne BWL-Studium oder Marketing-Budget.
Das Marketinggeheimnis für Immobilienmakler. Wie Sie in 12 einfachen Schritten Ihren Umsatz steigern – auch ohne BWL-Studium oder Marketing-Budget.
Das Marketinggeheimnis für Friseure. Wie Sie in 12 einfachen Schritten Ihren Umsatz steigern – auch ohne BWL-Studium oder Marketing-Budget.
Das Marketinggeheimnis für Bäckereien. Wie Sie in 12 einfachen Schritten Ihren Umsatz steigern – auch ohne BWL-Studium oder Marketing-Budget.
Das Marketinggeheimnis für Heilpraktiker. Wie Sie in 12 einfachen Schritten Ihren Umsatz steigern –

auch ohne BWL-Studium oder Marketing-Budget.
Das Marketinggeheimnis für IT-Berater. Wie Sie in 12 einfachen Schritten Ihren Umsatz steigern – auch ohne BWL-Studium oder Marketing-Budget.
Das Marketinggeheimnis für Reisebüros. Wie Sie in 12 einfachen Schritten Ihren Umsatz steigern – auch ohne BWL-Studium oder Marketing-Budget.
Das Marketinggeheimnis für Dachdecker. Wie Sie in 12 einfachen Schritten Ihren Umsatz steigern – auch ohne BWL-Studium oder Marketing-Budget.
Das Marketinggeheimnis für Gebäudereiniger. Wie Sie in 12 einfachen Schritten Ihren Umsatz steigern – auch ohne BWL-Studium oder Marketing-Budget.
Das Marketinggeheimnis für Metallbauer. Wie Sie in 12 einfachen Schritten Ihren Umsatz steigern – auch ohne BWL-Studium oder Marketing-Budget.
Das Marketinggeheimnis für Cafés. Wie Sie in 12 einfachen Schritten Ihren Umsatz steigern – auch ohne BWL-Studium oder Marketing-Budget.
Das Marketinggeheimnis für Küchenstudios. Wie Sie in 12 einfachen Schritten Ihren Umsatz steigern – auch ohne BWL-Studium oder Marketing-Budget.
etc.

Sie sezieren das Wort *machbar*, zerlegen es in alle seine Buchstaben und ziehen jeden Buchstaben angewidert in die Länge. Wie alles machbar ist, wie alles machbar gemacht werden kann, es ist zum Gähnen, wie machbar alles ist, wie selbst die Nicht-Machbarkeit machbar ist.

Sie fragen sich: Gibt es überhaupt etwas, das man wissen muss, um erfolgreich zu werden? Sie haben keine Ahnung davon.

Ihr Arbeitgeber jedoch weiß dies: Um als Unternehmen erfolgreich zu sein, muss man mindestens die wunden Punkte der Mitarbeiter kennen, denn wie sonst sollte man sie nicht übermütig werden lassen.
Dieser Arbeitgeber weiß, dass seine Mitarbeiter gern pünktlich Feierabend machen und grundsätzlich der Meinung sind, das Arbeitsende sei nun einmal realistischerweise erst dann, wenn man sich umgezogen und das Hallengelände vollständig verlassen hat. Weshalb die Mitarbeiter also annehmen, jeden Tag vor und nach Schichtschluss mindestens fünfzehn Minuten unbezahlt weiterarbeiten zu müssen und deshalb die Arbeitsplätze jeden Tag ein wenig früher zu reinigen beginnen. Sekunden nur, aus denen ein, zwei, drei Minuten werden, die sie dann früher an der Stechuhr anstehen, um schnell an der Schleuse sein zu können, nicht als letztes Glied der müden Schlange.
Die Schlange an der Stechuhr bildet sich heute bereits ab 14.25 Uhr, zwei Minuten vor der tolerierten, fünf Minuten vor der eigentlich erlaubten

Zeit. Am weitesten vorn stehen die Co-Worker und Problemer. Als Sie 14.27 Uhr zum Ende der schon beachtlich langen Schlange gehen, ordnet sie sich neu. Die Co-Worker und Problemer und mit ihnen alle erfahreneren Mitarbeiter verschwinden, wirken wie vom Erdboden verschluckt. Ganz vorn stehen nun neue Mitarbeiter, die Sie noch nie gesehen haben, und bilden einen ungewohnten Anblick. Die Neuen auf den besten Plätzen. Neben den Neuen steht ein Mann mit einem Rolltisch, darauf ein Computer. Er wirkt frisch und sauber, er scheint noch nicht eine ganze Schicht im Staub hinter sich zu haben. Der Mann mit Vollbart und Hornbrille, Amazons vermutlich einziger Hipster, winkt die Mitarbeiter nacheinander von der Stechuhr heran, lässt sich die Mitarbeiterausweise zeigen, scannt deren Strichcode und trägt die Namen der Mitarbeiter in eine Liste ein. Was soll das, fragen Sie den, der gerade vor Ihnen steht. Der schreibt sich die Namen von denen auf, die zu früh an der Uhr stehen. Und warum verschwinden die nicht unauffällig, fragen Sie sich.

Der Hipster schaut nicht auf, verrichtet stoisch seine Arbeit. Er sagt kein Wort, oder täuscht das? Als es zum Schichtende läutet, scannt er den letzten Mitarbeiterausweis. Nun strömen auch die erfahrenen Mitarbeiter wieder zur Schlange, reihen sich ein, eilen nach draußen. Der Hipster klappt seinen

Computer zu, richtet sich auf, geht mit dem Rolltisch davon, als wäre er nicht da gewesen.

Sie denken über dieses Schauspiel nach, fragen sich, was das nun war, ein stummes Stück, bei dem alle einhellig mitmachen, etwas, über das sich niemand zu beklagen scheint, das fast doch nicht gewesen sein könnte. Sie steigen die Stufen auf der Metalltreppe nach oben, entdecken da Sebastian vor sich, der sich unbemerkt vorgedrängelt hat. Zwischen seinen Beinen die Fransen seiner durchgewetzten Jeans; die machen Sie zu den Tentakeln einer giftigen Landquallenart, die sich in Sebastian eingenistet hat und ihn von innen her, ohne dass er es bemerkt, verspeist.

Ich übrigens traf den Amazon-Hipster einmal nach der Saisonarbeit wieder. Irgendwann morgens, ich brachte gerade meine Kinder in den Kindergarten, stieg er aus einem Auto und sortierte Taschen im Kofferraum. Ich wusste ihn nicht gleich einzuordnen, erinnerte mich aber, nachdem ich ihm eine Weile zugesehen hatte. Ich rief ihm, weil mir nichts Besseres einfiel oder weil mir das wie die passendste Idee vorkam, den Titel eines Buches von Mark Greif, das ich gerade gelesen hatte, entgegen. Ich rief: *What Was the Hipster!* Ich rief das zweifach und dachte, nun könnte er wissen, dass er vorbei war.

Zehn

Gleich ist es so weit, gleich haben Sie alles geschafft. Es wird nicht nötig sein, Ihnen zu gratulieren, Sie werden, wenn es so weit ist, auch keine Gratulationen erwarten, Sie werden geradewegs beiläufig für immer aus der Versandhalle gehen, kein eindrucksvolles Schlussbild liefern, aber, wenn Sie wollen, dürfen Sie sich nachher eines ausmalen, einen Auszug aus der Versandhalle, der sich gewaschen hat, der mir, als ich dort arbeitete, nicht gelang, nicht einmal gelingen wollte.

Aber noch ist früher Morgen, es ist kurz nach halb sechs. Sie haben die Haltestelle im Blick und hören die Straßenbahn kommen. Sie rennen los, die Bahn ist drei Minuten zu früh. Sie übersehen einen Bordstein, stolpern, kommen ins Rutschen, fallen hin. Sie erheben sich, halten inne, pulen den Schnee unter den Bündchen Ihres Anoraks hervor, klopfen ihn sich sich von der Hose. Sie humpeln zur Haltestelle. Die Straßenbahn ist weg. Die Anzeige lässt folgenden Satz aufleuchten: Sehr geehrte Fahrgäste, aufgrund der schlechten Wetterbedingungen muss der Fahrbetrieb eingestellt werden.
Sie sehen sich um, das Wetter ist nicht schlechter als an anderen Tagen. Später werden Sie erfahren,

dass es in der Nacht geregnet hatte und dieser Regen wegen der Kälte die Oberleitungen vereiste. Alle, die um diese Uhrzeit auf die Straßenbahn angewiesen sind, werden sagen: Da fuhr einfach keine Bahn. Sie werden sich wundern, welche Bahn es wohl gewesen sein könnte, die Sie da gesehen hatten, der Sie hinterher gerannt waren, die niemand außer Ihnen gesehen zu haben schien.
Vorerst lesen Sie die Mitteilung an die Fahrgäste wieder und wieder. Sie glauben nicht daran, dass nun keine Bahn mehr kommen soll. Sie setzen sich in das Wartehäuschen und warten.

Auf der anderen Straßenseite parkt ein Unimog, drei Leute in orangener Arbeitskleidung steigen aus. Zwei stellen sich auf den Gehweg, der Dritte steigt auf die Ladefläche. Er schaufelt Streukies von oben auf den Fußweg. Sie wirken ungeübt, noch nicht aufeinander eingespielt. Während der erste Kollege sich in das Fahrerhäuschen setzt und sich dort bei offenem Fenster eine Zigarette anzündet, die rauchende Hand aus dem Fenster streckt, aber allen Rauch in die Fahrerkabine bläst, nehmen seine Kollegin und der Kollege die Eimer auf, greifen kleine Schaufeln von der Ladefläche und beginnen, das Streugut auf den Weg zu werfen. Sie tun das nicht mit Schwung und Beiläufigkeit. Sie werfen kleine Haufen oder lassen zu große Abstände zwischen den gestreuten Bereichen, sie beugen sich nach vorn, um das Streugut zu verteilen, anstatt gelassen und aufrecht mit weiten Schritten zu gehen. Dieser Winterdienst dehnt die Zeit oder dehnt die Tätigkeit. Hätten sich die drei nur ein wenig geübter bewegt, hätte man annehmen können, sie seien Experten in der Herumbringung eines langen Arbeitstages, die eine geschickte Choreographie entwickelt haben, die sie in Bewegung hielt und Tätigkeit zeigte und wenigstens für die flüchtig Blickenden freisprach vom Verdacht, es handele sich um nicht sehr beflissen Arbeitende.

So gut es geht, verbergen Sie den Kopf unter der Kapuze und fragen sich, was nun eigentlich zumutbar ist, wenn man pünktlich zur Arbeit erscheinen möchte. Der Wind pfeift in das Wartehäuschen, Sie ziehen sich weiter in den Anorak zurück, sollten sich bewegen, aber wollen nicht. Niemand sonst steht an der Haltestelle. Sie spüren den Arbeitgeberatem, der pustet Ihnen unter dem Schal hindurch kalt an den Hals und raunt, was Sie sich hier eigentlich erlauben, einfach so herumzusitzen und nicht loszugehen und sich etwas einfallen zu lassen, wie Sie denn gefälligst noch pünktlich zur Arbeit kommen könnten. Der Schnee ist eine Pracht, aber vielleicht ist er um diese Uhrzeit doch nicht angemessen. Sie denken: Ich halte ja gar nichts aus, und fragen sich, wie es sein kann, dass der Arbeitgeber, dieser unsichtbare Arbeitgeber, Ihnen im Kopf herumfuhrwerkt.

Sie sind eine ganz grundsätzlich Frierende geworden. Sie meinen, noch nie so gefroren zu haben, wie Sie derzeit jeden Morgen und jeden Nachmittag frieren und manchmal auch während der Arbeit. Dieses Frieren ist übel und langweilig und ärgerlich und keinesfalls zu vergleichen mit jenem Frieren, das ich gut kannte, als ich dreizehn war. Ich war auch an den kältesten Tagen mit offener Jacke zur Schule gegangen und hatte den nackten Bauch gezeigt, ein Stück wenigstens, weil es eben Mode war. Ich hatte mit Mitschülerinnen an einer schulnahen Ecke im Kreis gestanden, zentral genug, um alle aus allen Richtungen zur Schule eilenden Lehrer und Schüler sehen und von diesen gesehen werden zu können. Wir alle hatten die Jackenärmel eingerollt, so als wären die Ärmelenden von einem Sauger nach innen gezogen worden. Meiner Mitschülerin Kerstin hatten die Zähne geklappert oder Kerstin hatte so mit den Zähnen geklappert, dass es gewirkt hatte, als klapperten Kerstin die Zähne. Es kam aber niemand auf die Idee, ihr zu sagen, sie solle sich wärmer anziehen. Stattdessen wollten wir alle ein solches Zähneklappern haben, wollten alle so überzeugend frieren, dass uns die Zähne klappern, was aber nur den wenigsten gelang. Während ich inmitten der anderen fürchterlich gefroren hatte, fror ich zugleich kein bisschen. Für Sie aber ist die jetzige Kälte verletzend.

Übrigens ist es auch so gekommen, dass Sie über das Wetter sprechen. Das Wetter ist nun, da Sie das Haus zu einer festen Zeit verlassen und wieder betreten, wesentlich geworden. Hätten Sie wie ich an meinem Saisonarbeiterinnen-Feierabend Thomas Glavinics Buch *Das bin doch ich* gelesen, hätten Sie es genauso wie ich zugeklappt. Denn Glavinic verstand dieses Interesse am Wetter und dem Verlauf, den es nehmen konnte, nicht, verstand es kein bisschen, amüsierte sich vielmehr darüber. Wie ich hätten Sie sein Desinteresse, dieses explizite, zur Schau gestellte Desinteresse, sofort persönlich genommen und das Buch, entgegen Ihrer Gewohnheit, auf den Boden vor dem Bett geworfen. Sie hätten auch gedacht, dass Glavinic einfach zu viel Zeit hatte, denn er füllte Seiten mit Berichten über seine eingebildeten Krankheiten, und ich hatte keine Zeit für Hypochondrie, und Sie haben keine Zeit für Hypochondrie und erst recht keine Lust darauf.

Die Anzeigetafel meldet nichts Neues, beharrlich weist sie darauf hin, dass keine Straßenbahn mehr fahren wird. Sie versuchen, die Teile der Stadt zu verknüpfen, suchen gedanklich nach einem günstigen

Fußweg zu Amazon. Des Sitzens überdrüssig, laufen Sie schließlich los. Der Schnee ist tief und schwer, erneut hat es zu schneien begonnen. Vor Ihnen müht sich eine Frau mit ihrem Rollkoffer ab. Dieser lässt sich nicht ziehen, gleitet manchmal gut über den Schnee, sammelt dann aber Schneeklumpen und Streukies zwischen seinen Rädern und steckt fest oder kippt. Die Frau zerrt den Koffer zurecht, trägt ihn dann mehr, als dass sie ihn zieht. Sie gehen am Hotel Fürstenhof vorbei, einladend steht es, inwendig schlafgeschützt und warm.
Am Hauptbahnhof warten Kollegen, das ist Kollegensuppe in einem Topf, gefüllt mit Schneematsch und aufgeweichten alten Kippen; zwischendrin der Bildzeitungsverkäufer, der unerbittlich gar nicht friert, der nicht auf und ab geht, um sich warm zu halten, sondern zwischen Schal und Jacke sogar nackte Haut zeigt.
Sie warten, alle warten, irgendwo in Ihnen ist ein warmer Punkt, den versuchen Sie zu erreichen, mittlerweile frieren auch Ihre Füße in den neuen Schuhen. Sie gehen auf und ab, pusten sich die Hände warm. Pusten Atemluft in die fellgefütterten Handschuhe, Ihre Mittelfinger sind weiß gefroren.
Als der Schienenersatzverkehrbus kommt, quetschen Sie sich mit den anderen hinein, stehen nun gern in dem Kollegenwust, keinen Haltegriff benötigend. Die sollen alle noch dichter herankommen. Sie führen gern ewig im langsam wärmer werden-

den Bus. Aber schon steigen alle aus, hetzen los, eilen bei Rot über die Straße. Alle drängen in die Umkleidekabinen, niemand rennt, eine Ordnung in der Eile. Sie kommen insgesamt nur fünf Minuten zu spät und erfahren: Auch wer sich nur fünf Minuten verspätet, bekommt eine Viertelstunde abgezogen.
Das haben Sie nicht gewusst.

Sie stellen sich zur Morgenansprache und hören gerade noch, dass am kommenden Wochenende alle arbeiten müssen. Sie wühlen in Ihrer Kiste nach dem Schichtplan. Da steht etwas anderes. Sie haben am nächsten Wochenende frei. Sie zucken mit den Schultern, das wird sich, meinen Sie, klären lassen.
Sie beschließen, die Zeit, die Sie ohnehin nicht bezahlt bekommen, nicht zu arbeiten und gehen langsam, betont langsam, zur am weitesten entfernt gelegenen Toilette. Dort bleiben Sie, sitzen auf der runtergeklappten Klobrille, gedankenlos oder mit rasenden Gedanken. Würde man Sie suchen? Das wissen Sie nicht. Sie wärmen Ihre noch immer eiskalten Hände unter dem Handtrockner, aus dem es heiß und laut pustet.

Später schlendern Sie zurück, Sie haben alle Eile für heute abgeleistet.
Weil das Tor zwischen Dock-Bereich und Halle wieder klemmt, saust ein kalter Wind von rechts

über Ihren Arbeitsplatz hinweg. Sie ziehen eine Jacke über. Das hilft kaum. Sie gehen zu Sebastian, sagen, Sie bräuchten heute wirklich dringend einen anderen Arbeitsplatz. Er antwortet: Wer sich im Sommer über eine frische Brise freut, darf sich im Winter nicht darüber beklagen, wenn es zu kalt wird. Sie weisen ihn nicht darauf hin, dass Sie noch gar nicht von der frischen Sommerbrise profitieren konnten und auch nicht von einer solchen profitieren werden, weil Sie im nächsten Sommer schon längst nicht mehr hier sind. Sie sprechen ihn stattdessen auf das nächste Wochenende an. Mit plötzlich wackliger Stimme sagen Sie, dass Sie laut Plan am Wochenende nicht arbeiten müssen. Ich habe, sagen Sie, einen arbeitsfreien Samstag.
Sebastian sagt, das kann nicht sein, im Advent gibt es keine arbeitsfreien Wochenenden.
Sie räuspern sich und husten: Aber das steht so in meinem Schichtplan.
Sebastian sagt, du kannst im neuen Jahr Pause machen.
Wieso im neuen Jahr, fragen Sie.
Vorher wird das nichts, erwidert er.
Aber mein Vertrag endet am 24. Dezember.
Ja, sagt Sebastian, das schreiben sie immer, aber das stimmt nicht, es wäre auch Quatsch, die Leute zum 24. gehen zu lassen. Zwischen den Jahren ist am meisten Betrieb, da kommt doch alles zurück.
Vermutlich ist es zwecklos, mit ihm zu sprechen.

Sie, mit Ihrer heiseren Stimme und der Frage, wer hier eigentlich wie über Sie verfügt und was Pläne und Verträge bedeuten, öffnen den Mund, schließen ihn wieder, Sie sind nun nicht einmal mehr ein stimmbegabtes Werkzeug.

Dazu, und das verstehen Sie als Strafe, steht an Ihrem Arbeitsplatz nicht wieder eine Kiste Bücher, sondern eine Palette voll mit schweren Tischlampen. Sie gehen um die Lampen herum, vermissen die Bücher.
Ist doch easy, sagt der Hubwagenfahrer, der gerade nichts zu tun hat. Vier Lampen pro Kiste, vier Kisten pro Palette, bist du etwa neu?
Das kennen Sie nun schon. Wie überflüssig Sie diese Kommentare finden, bis zum Erbrechen überflüssig. Sie receiven unter den beobachtenden Blicken des Hubwagenfahrers weiter, wuchten schwere Lampen in Kisten aus größeren Kisten auf den Tisch, dann auf eine neue Palette. Warum einfach, wenn es auch kompliziert geht, sagt der Hubwagenfahrer. Genau, sagen Sie, warum denn immer einfach. Er lacht höhnisch, fährt dichter an Sie und die Palette. Sie müssen nun achtgeben, nicht über die Gabeln zu stolpern.
Er fährt weg.
Und wo ist eigentlich Melly? Sie können sie nirgendwo entdecken. Sie hat sich wie ein Nachttraum verflüchtigt. Sie receiven langsam. Prüfen jeden

Karton auf Beschädigungen, nehmen es heute genauer als an den Tagen zuvor, halten dann inne und gehen wieder auf die Toilette. Wo sonst sollten Sie hin. Auf den Dachfenstern der Halle liegt Schnee, es ist, als befänden Sie sich in einem überdimensionierten Iglu.

Als Sie zurückkommen, treffen Sie zugleich mit dem Schichtleiter, dem verhassten, an Ihrem Arbeitsplatz ein. Er teilt mit, dass in Kürze der Europa-Chef käme, dem man sich von der besten Seite zeigen wolle, weshalb gründlich, und zwar wirklich gründlich, aufgeräumt werden müsse. Also räumen Sie auf, tun auch das langsam, bevor Sie die Lampen weiter receiven und schließlich für den Abtransport ins Warenlager mit Folie einwickeln. Die Folie reißt wieder und wieder, Sie beginnen wieder und wieder von vorn; vielleicht wollen Sie niemals mehr schnell sein.
So kommen Sie bis zur Mittagspause durch. Auch die Mittagspause vertrödeln Sie, essen nicht so gierig wie sonst, legen nachher den Kopf in die Arme, schließen die Augen.

Durchbeißen, sagen Sie sich auf dem Rückweg in die Halle. Synonyme für *durchbeißen* finden, sagen Sie sich. Neben dem Arbeitsplatz steht nun wenigstens wieder eine große Bücherkiste, die Sie vorsichtig mit dem Cutter öffnen. Die Kiste ist mit

Malbüchern und Arbeitsheften für Schüler gefüllt. Sie sind enttäuscht. Sie receiven also Arbeitshefte, die, so meldet es der Computer, zuvor verpackt werden müssen. Sie verzählen sich häufig und fassen verschiedene Bücher unter einer Produktnummer zusammen. Sie schicken dennoch das fehlerhafte Tote auf Reisen und lassen ihm weitere folgen. Sie sind gespannt, ob Ihre Fehler erkannt und reklamiert oder ob sie, weil sich hier wirklich keiner gern mit Fehlern beschäftigt, zum Kunden durchgereicht werden, und der Kunde dann, anstatt *Découvertes 1. Fit für Tests und Klassenarbeiten. Arbeitsheft mit Lösungen und CD-ROM: TEIL 1* ein Exemplar von *Filly Fairy: Mal- und Rätselspaß* zugeschickt bekommt.

Schichtleiter Christian führt den Europa-Chef herum. Er weist vom Gang aus zu den Mitarbeitertischen. Sie verstehen kein Wort, nur die Gesten. Als zeige er seinen Hof, seine Weide, seine Herde. Sie und Ihre Kollegen arbeiten in diesem Moment nicht für die Kunden, sondern nur für den guten Eindruck. Wie Puppen in einem Schaubergwerk, und natürlich stimmt das nicht, die meisten arbeiten normal, nur Sie kommen sich wie eine Puppe vor und geben sich deshalb verächtlich und verwegen. Sie wollen jetzt keine Mitarbeiterin sein, auf die gezeigt werden kann. Sie ducken sich, verstecken sich hinter dem Altpapierkarton. Ihr Arbeitsplatz soll unbesetzt wirken. Nach einer Weile in der Hocke erheben Sie sich und sehen sich um. Mehr tun Sie nicht.

Zwischen den Arbeitsheften zeichnet sich ein Buch ab. Sie schieben die Hefte beiseite, entdecken weitere Bücher. Endlich. Sie bleiben an einem Buch mit einem Glatzkopf auf dem Cover hängen: *Naughty* von Marc Chester: Ein Hooligan, der seine Geschichte erzählt – „the shocking inside story of one of the most organised and violent soccer hooligan gangs currently active in Britain, the Naughty Forty. Written by one of the gang's central figures, it reveals the network of alliances and friendships between leading hooligans across Britain, and the explicit reasons they are so feared."
Das Buch receiven Sie nicht, stellen es hingegen wie ein Familienporträt vor sich auf den Tisch. Es kommt Ihnen so vor, als hätten Sie nun einen Schläger mit einem provozierenden Blick an Ihrer Seite. Marc Chester ist Ihr privater Schläger, er ist ein Freund, den Sie noch schüchtern betrachten. Sie stellen sich vor dem Buch auf und sagen: Marc, die dort, die stören mich. Du weißt, ich würde dich nicht bitten, wenn es mir nicht wichtig wäre. Aber die dort, die stören mich augenblicklich sehr, und ich denke, sie hören nicht auf, mich zu stören.
Marc Chesters Antwort: „And the first thing I would

like to say is: We're Stoke City, we're Naughty Forty, and we're game as fuck. So let's have it."

Natürlich gibt es immer das Buch, das man gerade braucht, und manchmal hat man das Glück, es zu finden, wenn man es braucht. Marc Chester jedenfalls bringt Sie zum Lachen, den haben Sie nun in Überlebensgröße an Ihrer Seite, denn das können Sie, weil Sie ja ich sind: Sich alles und jeden an die Seite denken. Was Sie und ich aber nicht können, weil Sie und ich das nicht wollen, ist, diesen Arbeitgeber zu einem besseren denken und die Arbeitsumstände zu noch schlechteren, ungünstigeren Umständen ins Verhältnis setzen, um dann zu sagen: Es ist doch nun auch nicht so schlimm. Woanders ist es schlimmer. Früher war es schlimmer.
Das tun wir nicht. Sie und ich wollen das Beste und sind nicht vermessen.

Sie ziehen ein Buch aus dem Büchergerümpel der Kiste, das Sie wie ein Schatz überrascht. Ein Buch, das ich zuhause habe, das ich sehr mag, das ich Ihnen in die Kiste gelegt habe, denn tatsächlich befand es sich in keiner Bücherkiste bei Amazon und tatsächlich ist es ohnehin vergriffen, kann aber von der Verlagsseite heruntergeladen werden: *Loose Associations* von Ryan Gander. Darin lauter

Lieblingsstellen, aber eine, die mir nun besonders passend scheint, lasse ich Sie finden. Sie haben Ihre Fleecejacke hoch geschlossen, Sie lesen: „There's a university in Buffalo, in New York State. The campus there was relocated twenty years ago, so the architect could completely redesign it. He built the entire site but didn't put any paths in ... he just left it as gravel. There's very heavy snowfall in New York State in winter, and as the campus began to be used students began to navigate around the campus, leaving paths in the snow, so if there were a lot of people walking on the path, it would end up very wide, and the ones that weren't used so much were narrower. The architect then sent a helicopter up to make an aerial photograph of the campus, then plotted all these desire lines on a map and built the paths in the same positions with the same widths as the desire lines. It's an example of perfect planning of public space."
Desire line, denken Sie, Trampelpfad, der Wunschweg. Ein Weg, der entsteht, wenn Menschen von einem Ort zum anderen wollen und noch kein Weg da ist.

Und dann ist es so weit, und es ist nicht so, dass Sie darauf alle Zeit gewartet hätten. Aber nun, da es so weit ist, ist es doch so, als hätten Sie alle Zeit darauf gewartet. Ab jetzt vollzieht sich jedenfalls alles mit erstaunlicher Folgerichtigkeit.

Sie haben also plötzlich diesen Gedanken: Ich könnte ja auch aufhören. Ich muss das nicht durchziehen.
Sie versuchen sich in einem Gespräch mit sich selbst. Aber egal, in wie viele Gesprächspartner Sie sich hineindenken: Alle teilen über kurz oder lang diese, Ihre, Meinung: Ich könnte jetzt auch einfach aufhören. Es ist jetzt genug.

Es bringt nun nichts, sich an Ihren nur noch bis Weihnachten laufenden Vertrag zu erinnern und daran, dass Sie vor ein paar Tagen noch erwogen haben, sich um eine Übernahme zu bemühen. Sie blicken durch das offenstehende Tor bis nach draußen zur Straße. Die Arbeiter im Dock tragen Klemmbretter und kontrollieren eingegangene Ladungen, andere fahren Paletten herum, versetzen sie manchmal nur um wenige Meter, bis ein Hubwagenfahrer kommt, um sie abzuholen oder weitere Ware daneben zu stellen. Die kennen sich alle gut aus.

Ihnen zerfallen nun die Hände und zerbröseln die Knochen und der Wind weht durch Sie hindurch. Der Wind schneidet einen Kältekanal in Sie. Als Sie ein Tote heben, zucken Sie zusammen, denn da fahren Blitze in Ihre Arme und von hinten in den Hals. Sie brauchen drei Anläufe, um das Tote aufs Band zu schieben. In Ihren Handgelenken sticht es weiter, Ihr Rücken lässt sich nicht mehr beugen, Ihre Knie wollen weder gebeugt noch gestreckt sein.

Es ist also wirklich Zeit für Sie.

Als Sie Sebastian in seinem schlurfenden Gang und mit den weißen Feedbackblättern in der Hand auf sich zukommen sehen, legen Sie das Buch ab, das Sie gerade receiven wollen, und verlassen Ihren Platz, um nochmals zum Klo zu gehen. Sie betrachten alles ausführlich: Die Paletten voll mit Totes in verschiedenen Farben, die beschädigten Paletten, die zu vermessenden Produkte in den Totes. Die Mitarbeiter an den Arbeitstischen, die emsig arbeiten oder nicht. Akkurat folgen Sie den Wegmarkierungen und halten sich nicht aus Trotz und süffisanter Betonungslust bis ins Detail an die Regeln zur Fortbewegung in der Halle, sondern aus Müdigkeit.
Diese Ordnung hier ist nicht die Ihre, und Sie verstehen nichts mehr, weil Sie genug verstanden haben, und nichts hier ist noch eine Erfahrung wert.

Sie denken an diese Frau, die Sie vor einiger Zeit im Zoo mit ihrem Sohn hatten schimpfen sehen. Die Frau hatte wieder und wieder gefragt, was er sich bei dem Gebrüll eigentlich denke, dass er das Gebrüll gefälligst zu lassen habe, dass sie nie wieder mit ihm in den Zoo gehen werde usw. Der Junge

hatte das Gebrüll jedoch längst bleiben lassen, war alle Zeit ruhig und wie abgekoppelt neben dieser Frau gegangen, offenbar erfahren darin, die Litanei auszublenden. Er hatte den Kopf weggedreht, den Rufen der krächzenden Kakadus hinterher.
Sie heften sich an den Blick dieses Jungen, steigen dabei die Treppe zum Klo hinauf. Sie öffnen die Tür zum Toilettencontainer und fallen auf der Stelle aus der Unternehmenszeit in Ihre eigene.

Sie sind nun frei von jeder Anweisung, durch schieres Durchhalten würde Ihnen hier nichts besser gelingen, es wäre nur ein Durchhalten dem Durchhalten zuliebe, das wohl irgendwann von jemandem erfolgreich und nachhaltig angepriesen worden sein musste, der vom ersten Durchhalten eines mühselig Durchhaltenden profitiert hatte. Und was wäre nun mit solch einem seit Jahrhunderten ausgenutzten Durchhalten gewonnen? Das Durchhalten bringt nur nach Schweiß und faulen Argumenten stinkendes Geld. Das Durchhalten versucht, nicht unterzugehen und lobt sich alle Zeit selbst.

Während der verbleibenden Arbeitszeit fallen Sie einfach weiter auseinander, Sie lassen das geradewegs hemmungslos geschehen, Sie staunen über dieses Zerbröseln, Sich-Auflösen und unterbinden es nicht. Sie arbeiten langsam, behäbig. Sie zählen die Ware im Tote nicht nach, Sie verzichten auf alle

Gewissenhaftigkeit, geben irgendeinen Wert in den Rechner ein, der daraufhin die Fehlermeldung hupt. Sie schicken das Tote dennoch ab. Sie machen einfach weiter wie am Vormittag, nur ruhiger jetzt. Sie können nicht mehr beschädigt werden.
Sie sortieren Ihre Mitarbeiterkiste aus. Sorgfältig prüfen Sie, dass kein persönlicher Gegenstand darin verbleibt. Sie stopfen sich Notizzettel, Pflaster, Haargummis in die Hosentaschen, klappen die Kiste zu. So kann alles bis zum Schichtende bleiben.

Später räumen Sie auch Ihren Spind. Nur die Warnweste und die durchsichtige Trinkflasche verbleiben im Schrank. Die Arbeitsschuhe stellen Sie ins Regal, die werden vermutlich bald weggeworfen werden. Sie entfernen auch das Vorhängeschloss, ziehen sofort und ganz aus, kündigen nicht, gehen einfach und legen keinen Wert darauf, vorsichtig zu sein und so zu tun, als wäre Ihr Fernbleiben, das mit dem morgigen Tag beginnen wird, nicht geplant gewesen.

In der Eingangshalle ist es ungewohnt laut. Aus einem Kassettenrecorder tönt *Jingle Bells*. Vier Weihnachtsmänner wiegen sich im Takt. Zwei rechts, zwei links von einem schmalen Gang. Sie kneifen die Augen zusammen, um die Gesichter hinter den Masken zu erkennen; die Weihnachtsmänner lachen. Sie wirken, als feierten sie sich selbst. Sie reichen allen Gehenden von rechts einen Bierkrug mit Amazonbeschriftung, von links eine Tüte mit Gebäck und Schokolade. Beides lehnen Sie zuerst ab, greifen aber schließlich doch nach den Keksen und verzehren sie im Gehen.

Und dann ruft ein Chor:
Geht's noch?
Einfach aufhören!
Feiges Ding!
Fauler Strick!
Arbeiten muss man eben können!
Arbeiten will gelernt sein!
Jetzt weißt du, wie es wirklich ist!
Und machst dich einfach aus dem Staub.

Aber bevor Sie dem Chor zu viel Gehör schenken, sollten Sie bitte unbedingt wissen: Der Chor kommt nur vom Band.

Elf

Na bitte.
Sehr gut.
Jetzt haben Sie viel geschafft.
Ich bin sehr dafür, so zu gehen, wie Sie gingen, was nicht nur daran liegt, dass ich Amazon auf die gleiche Art wie Sie verließ und auch vorher schon Jobs auf diese Art beendete, also zum Beispiel aus einem Call-Center durch die Hintertür floh oder eben doch nicht floh, sondern unangekündigt und unbemerkt für immer ging.

Sie mit Ihrem befristeten Vertrag sitzen einen Tag nach Ihrem Abgang wieder bei der Ärztin, diesmal routinierter. Die Ärztin will Sie eine Woche lang krankschreiben. Sie sagen: Bitte bis Weihnachten, das wäre besser. Die Ärztin schreibt den Krankenschein nach Ihren Wünschen. Den schicken Sie an Amazon und betrachten sich nicht mehr als Saisonarbeiterin.

Und sonst?
Sie räumen auf, Sie bewegen sich langsam, Sie breiten sich im Tag aus. Sie können es kaum fassen, dass die Zeit im Unternehmen nun für Sie vorbei ist.
So ungefähr vergeht ein weiterer Tag.

Am dritten Tag begegnen Sie Ihrer Nachbarin Frau Bertram. Frau Bertram weist auf das frisch sanierte Haus auf der anderen Straßenseite. Die Erdgeschosswohnungen sind so gut einsehbar, dass man ohne Mühe auf die Toiletten blicken kann.
Die Geldleute, sagt Frau Bertram, wohnen aber eigentlich nicht schlecht.
Na ja, sagen Sie und haben von Ihrer Wohnung aus immer den Blick in den Himmel, über alle Baukräne hinweg.
Frau Bertram sagt, für eine Dachgeschosswohnung in jenem Haus, dem Sie nun gegenüberstehen, zahle man 8000 Euro Miete.
Das kann nicht sein, sagen Sie.
Doch, sagt Frau Bertram, Frau Richter hat es erzählt, sie hat die Anzeige gesehen.
Sie glauben das trotzdem nicht, aber es ist sicherlich so, dass Sie und Frau Bertram zwei der Wenigen sind, die in diesem Viertel noch in unsanierten Wohnungen leben. Unter Ihnen fallen die Plattenbauten auseinander. Den Mietern im Erdgeschoss steigen die Fäkalien aus der Kanalisation in die Badewanne und überall drückt sich der Wind durch die verzogenen Fenster. Sie und alle Ihre Nachbarn wissen, dass es – falls Sie in der Gegend bleiben und nicht an den Rand der Stadt gezwungen werden wollen – zum Umziehen wohl zu spät ist.
Aber, sagen Sie, und knüpfen noch einmal an, weil Ihnen Geschichten von Leuten, die kein Geld haben,

über Leute, die angeblich sehr viel Geld haben, gefallen, ich glaube nicht, dass irgendwer so viel Miete bezahlt, um hier zu wohnen. Das ist doch nicht München oder London.

Ach, sagt Frau Bertram, ich weiß auch nicht, was das hier ist.

Frau Bertrams Vater winkt vom Balkon. Er ist eine graue Erscheinung mit tiefen Augenringen, hört schlecht, verlässt einmal am Tag das Haus, dreht krumm gehend eine Runde im Hinterhof, schüttelt den Kopf über die dort spielenden Kinder und geht wieder zurück.

Ich muss, sagt Frau Bertram. Im Losgehen hält sie inne. Ich hab jetzt weniger Zeit. Ich hab eine Maßnahme. Hauswirtschaft, sagt sie. Wir putzen bei den Geldleuten, und ich hoffe, dann eine Stelle zu kriegen; drücken Sie mir die Daumen.

Sie stehen an der Straße, vor Ihnen das sanierte Haus, in das seit Tagen eingezogen wird, obwohl an den Fassaden noch Arbeiten ausgeführt werden. Frau Bertram geht los, Sie gehen mit ihr, begleiten Sie zum Vordereingang des Hauses.

Wo machen Sie denn diese Maßnahme, fragen Sie.

Im Waldstraßenviertel, sagt Frau Bertram, bei den feinen Leuten.

Na ja, sagen Sie, so fein sind die doch auch nicht.

Doch doch, sagt Frau Bertram, oder die tun so. Sie berichtet, Sie werde nicht für die Arbeit bezahlt, sie putze da eben im Rahmen der Maßnahme und

dürfe nicht einmal fünf Minuten eher gehen, selbst dann nicht, wenn sie die Mittagspause entsprechend verkürze. Und mal, sagt sie, will einer die Unterhemden gebügelt, aber wenn sie dann gebügelt sind, ist es auch wieder nicht recht. Manchen kann man es einfach nicht recht machen.
Während Frau Bertram in ihrer Tasche nach dem Schlüssel sucht, lehnen Sie sich kurz gegen die Hauswand. Die in den Beton gemischten Kiesel drücken sich durch Ihren Pullover. Vielleicht, sagen Sie, werden Sie ja weniger für die Hausarbeit bezahlt als dafür, dass jemand Sie hat, um mit Ihnen unzufrieden sein. Ach so, sagen Sie, denn da ist es Ihnen wieder eingefallen, Sie werden ja gar nicht bezahlt. Frau Bertram öffnet die Tür, betritt das Haus, Sie gehen ihr nach, ein Kiesel aus der Hauswand hat sich gelöst und fällt auf den Boden. Man kann wirklich keine Minute früher gehen, sagt Frau Bertram. Disziplin, sagen Sie. Frau Bertram lacht. Sie steigen weiter nach oben, leicht heute, und denken darüber nach, was die angebrachte Reaktion darauf wäre, dass Frau Bertram wie irgendeine Praktikantin nicht bezahlt wird und warum es überhaupt so ist, dass irgendwer sie nicht eher gehen lassen will. Sie meinen, es wäre nun vielleicht gut oder es wäre auf jeden Fall etwas, und etwas wird ja nun einmal benötigt, es wäre also gut, wenn Frau Bertram mit Hammer und Meißel Kieselsteine aus der Fassade

klopfte. Sie wäre lange damit beschäftigt und würde ein gutes Bild abgeben.

Was kann einer tun, der immerzu arbeiten oder bei der Agentur vorsprechen muss, was kann einer, in Anbetracht dessen, dass man nun einmal Geld braucht, eigentlich tun.

Sie erinnern sich an einen Artikel über eine Frau, die nur vom Tauschen oder vielmehr als Tauschende lebte. Die bei Freunden einzog, um denen zu helfen, im Gegenzug von diesen Essen und Kleidung erhielt. Im Artikel fiel kein Wort darüber, ob die Freundschaft es aushielt, um ein Geschäftsverhältnis erweitert zu werden, oder ob die Freundschaft vom Geschäftsverhältnis überschrieben wurde.
Alles, was diese Frau tat, schien einen Tauschwert zu haben und der Frau den Lebensunterhalt einbringen zu können. Diese Frau musste offensichtlich immer über alles reden, und stets wäre zu klären, ob sie nun da war, um zu arbeiten, ob ihre Anwesenheit bereits mit einem Tauschwert versehen oder ob sie einfach aus Gründen der Geselligkeit zugegen war. Wie müsste man sich die Verhandlungen vorstellen? Wäre nicht stets zu klären, ob die Frau nun bereits tauschte? Würde ihr Gegenüber nicht plötzlich aufspringen, um zu fragen: Leistest du mir hier eigentlich gerade gegen Bezahlung

Gesellschaft oder bist du nur so da? Verzichtest du freiwillig auf Honorar, weil es hier nett ist oder weil nichts hier für dich Arbeit ist? Und kann es sein, dass du deine Meinung plötzlich änderst? Darüber hatte nichts im Artikel gestanden.

Der Vorwurf der Frau an alle, die ihr Leben voller Tauschwert nicht guthießen, an alle, die nicht tauschten, lautete: Ihr seid alle Kinder des Kapitalismus und es fällt euch schwer, die Brust, die euch nur scheinbar nährt, abzulehnen und euch neue Eltern zu suchen.

Sie hatten nach dem Lesen des Artikels gedacht, das sollten Sie auch probieren. Jetzt sehen Sie: Diese Frau hat den Kapitalismus perfektioniert, hat ihn bereitwillig in die privatesten Bereiche hinein transportiert, hat ihn verinnerlicht und lediglich den Eindruck, ihn eliminiert zu haben.

Sie wollen keine Berichte über exotische Antithesen zur Welt, sie wollen Thesen mit Möglichkeiten zum Leben in der Welt. Sie wünschen sich Beschäftigte, die in der Lage sind, über die Umstände ihres Arbeitens zu berichten, die mit ihren Berichten nicht sich selbst und jede Wahl, die sie je getroffen haben, verteidigen müssen, sondern klar genug sind, um zu unterscheiden zwischen dem, was sie selbst sind und dem, was Umstände von ihnen fordern oder zu fordern scheinen. Sie wünschen sich, dass überregionale Tageszeitungen regelmäßig Beschäftigte in Kolumnen, Glossen und Fachartikeln zu Wort kommen lassen und den Beschäftigten aus diesen Berichten weder Lob noch Strafe erwüchsen. Dass es also zum Beispiel nicht so wäre: „After joining Wal-Mart as a cashier in 1994, the first named plaintiff in the case, an African-American woman named Betty Dukes, was demoted and subjected to other disciplinary actions for identifying discrimination through the company's ‚Open Door' hotline – a 1-800 number for internal complaints eventually known among Wal-Mart employees as ‚1-800-YOU'RE-FIRED'."

Man bezahlt übrigens Ihre offenen Rechnungen, für kurze Zeit schwillt Ihr Konto sogar ein wenig an. Das wird nicht so bleiben, macht aber nichts. Sie lassen ab von der Eile und von der Annahme, es werde in jedem Moment immerzu Künftiges verhandelt. Sie bekommen neue Aufträge, also übersetzen Sie und verlangen mal mehr, mal weniger Geld dafür. Der Winter beruhigt sich, lässt ab vom Schnee.

Ende Februar bekommen Sie einen Anruf. Ein Amazon-Mitarbeiter ruft Sie an, um Ihnen Feedback zu geben. Sie sind kurz versucht, einfach aufzulegen, Sie wollen kein Feedback, die Neugier siegt jedoch.

Wir sind, sagt er, mit deiner Arbeit sehr zufrieden gewesen. Im Großen und Ganzen war das alles sehr in Ordnung.

Sie sagen: Danke, das freut mich, und meinen es so.
Er sagt: Gibt es noch etwas, was ich für dich tun kann.
Sie sagen: Ich würde auch gern Feedback geben.
Oh, sagt er, gut.
Sie sagen: Ich habe nicht verstanden, warum in den beiden Schichttypen andere Leistungszahlen gelten. Und warum die Turboschicht sich die Ware auswählt, die am einfachsten zu receiven ist, so dass der anderen Schicht nur die Reste bleiben. Warum das nicht geändert wird, obwohl es doch alle wissen.
Tja, sagt er und ringt vorsichtig um Worte, die diplomatisch wirken sollen, das Problem ist bekannt, würde ich sagen.
Aha, sagen Sie.
Und wir gehen es an, sagt er.
Dann ist es ja gut, sagen Sie.
Ich danke dir für dein Feedback, sagt er.
Gern geschehen, sagen Sie.
Er sagt, vielleicht haben wir auch bald wieder Arbeit für dich. Er verabschiedet sich.
Sie wissen nicht genau, was das war. Sie gehen im Arbeitszimmer herum, übersetzen dann weiter. Sie werden bis in den frühen Morgen hinein an der Übersetzung arbeiten, die in drei Tagen abgegeben werden muss. Sie fühlen sich frei, das sagen Sie sich immer mal wieder auf. Sie mit Ihren zu langsam steigenden Preisen und Ihren ausufernden,

nach jeder Zeit und jeder weiteren Tätigkeit greifenden Arbeitszeiten sind noch nicht auf das Folgende gekommen: „Das heutige Leistungssubjekt gleicht dem Hegelschen Knecht bis auf den Umstand, dass es nicht für den Herrn arbeitet, sondern sich selbst freiwillig ausbeutet. Als Unternehmer seiner selbst ist es Herr und Knecht zugleich."

Ich habe geschrieben: Wir gehen nicht aus diesem Buch, ohne dass Sie gehandelt haben werden.
Ich bin nicht sicher: Haben Sie nun gehandelt oder nicht?
Ja, Sie haben.
Wir werden sehen.
Wir bleiben doch hoffentlich in Kontakt.

Obwohl Sie keine Zukunftsforscherin sind, können Sie nahezu sicher voraussagen, was dieses Unternehmen noch tun wird. Es ist alles deutlich zu erkennen.
Sie lesen: „Amazon nimmt rund 775 Millionen US-Dollar (558 Mio. Euro) in die Hand, um einen Hersteller von Lagerhaus-Robotern zu kaufen. Das US-Unternehmen Kiva Systems ist auf Technik spezialisiert, mit der Lager in großen Teilen automatisch betrieben werden können. Amazon hat Bedarf an solcher Technik: In seinen Logistik-Zentren müssen Millionen Artikel sortiert und versendet werden.

Die Roboter von Kiva Systems sind bei diversen großen Einzelhändlern im Einsatz. Das 2003 gegründete Unternehmen ist nicht an der Börse notiert. Die Übernahme solle im zweiten Quartal abgeschlossen werden, heißt es in einer Mitteilung von Amazon. (dpa)/(anw)"

Das haben Sie längst gewusst, und Sie haben sowieso nichts dagegen.

Im März, als Sie schon gar nicht mehr an die Arbeit bei Amazon denken und sich kaum noch erinnern können, wie genau es dort gewesen war und warum Ihnen die Arbeit so zugesetzt hatte, bekommen Sie einen Brief von Amazon. Neben Ihrer Anschrift ist ein kleines Foto eines Teils der Belegschaft abgedruckt. In der Mitte und im Hintergrund des schlecht zu erkennenden Bildes stehen die meisten Mitarbeiter. Im Vordergrund und am Rand sind die Reihen lockerer. Vor der dicken Mitte befindet sich ein weißes Banner mit der Aufschrift *amazon.de*. Als Sie herausfinden wollen, wer das Banner hält, stellen Sie fest, dass es sich doch nicht um ein Transparent handelt, sondern um eine nachträglich ins Bild montierte Textfläche. Etliche der Mitarbeiter im Vordergrund heben die Hand zum Gruß.

„Sehr geehrte Frau ...,

zunächst möchten wir uns auf diesem Weg nochmals ganz herzlich für Ihre gute und tatkräftige Mitarbeit in der Vorweihnachtszeit bedanken.
Aufgrund Ihrer hervorragenden Arbeit möchten wir Sie gerne wieder für eine Einstellung in unserem Unternehmen vorsehen.
Sollten Sie auch dieses Jahr Interesse an einer Tätigkeit in unserem Unternehmen haben, so können Sie uns jederzeit anrufen.

Unsere Mitarbeiter der Personalabteilung werden dann mit Ihnen einen Starttermin vereinbaren.

Mit freundlichen Grüßen
Ihre Personalabteilung
Amazon Distribution GmbH“

Sie legen den Brief auf den Rechnungseingangsstapel, der in Ordner sortiert gehört. Es ist, stellen Sie fest, nun offenbar genug Zeit vergangen, um vom Unternehmen wieder gesiezt zu werden.

Literatur

Zwei

— Gertrude Stein, *Geld*, Berlin: Friedenauer Presse, 2004, S. 5.

Vier

— Claudia Friedrich Seidel, „/. [Slashdot]“, in: *Markus Keibel*, hrsg. von Henrik Wobbe, Berlin: Distanz Verlag, 2013, S. 98.

— Hannes Hintermeier: „Amazons wichtigste Tochter“, in: *Frankfurter Allgemeine Zeitung* vom 8. Februar 2013, Nr. 22, S. 32.

Fünf

— „Die falschen Aktivitäten müssen aufhören“, Video-Interview mit Rene Pollesch, 14. Mai 2014. http://www.theaterheute.de/blog/muelheimstuecke/video-rene-pollesch-eroffnet-mit-gasoline-bill

Sechs

— Chris Köver, „Souverän schweigen“, in: *Missy Magazine*. http://missy-magazine.de/2014/02/24/souveran-schweigen

— Friederike Mayröcker, „was brauchst du“, in: *Gesammelte Gedichte 1939-2003,* hrsg. von Marcel Beyer, Frankfurt: Suhrkamp, 2004, S. 631.

Sieben

— Eva Meyer in: Eran Schaerf, *1001 Wirklichkeit. Fortsetzungen eines unabgeschlossenen Romans. Live-Hörspiel aus dem Haus der Kulturen der Welt,* 30. Mai 2014, BR 2 Hörspielpool.
— Paul Lafargue, *Recht auf Faulheit,* Grafenau: Trotzdem, 2004, S. 20 u. 24.
— Mónica de la Torre, „$6.82“, in: *Public domain.* New York: Roof Books, 2008, S. 79.

Acht

— Hannah Arendt, *Vita activa,* München: Piper Verlag, 1981, S. 141.
— Helga M. Novak: „Arbeitnehmer – Arbeitgeber“, in: *Aufenthalt in einem irren Haus, Gesammelte Prosa,* Frankfurt: Schöffling & Co., 1995. S. 31.
— Hannah Arendt, *Vita activa*, S. 107.

Neun

— Byung-Chul Han, „Warum heute keine Revolution mehr möglich ist“, in: *Süddeutsche Zeitung.* http://www.sueddeutsche.de/politik/neoliberales-herrschaftssystem-warum-heute-keine-revolution-moeglich-ist-1.2110256
— Hannah Arendt, *Vita activa,* S. 228f.

— Elfriede Jelinek, *Wer lebt, stört*. http://www.elfriedejelinek.com
— Rainald Goetz, *Rave*, Frankfurt am Main: Suhrkamp, 1998, S. 216.

Zehn
—Marc Chester, *Naughty*, Quickborn: Trolsen Communicate, 2010.
— Ryan Gander, *Loose Associations and Other Lectures*, Paris: onestar press, 2007, S. 20.

Elf
— Byung-Chul Han: *Agonie des Eros*, Berlin: Matthes & Seitz, 2012, S. 30.
— Dayna Tortorice, „Politics, Memorandum, Sex Class Action“, in: *n+1*, No. 14, Sommer 2012, S. 18.
— „Amazon kauft Lagerhaus-Automatisierer“, *heise online*. http://www.heise.de/newsticker/meldung/Amazon-kauft-Lagerhaus-Automatisierer-1475223.html

Ich bedanke mich bei Silke Kleemann,
Anna Lena von Helldorff, Thomas Lang,
Julia Eichhorn, Michael Ludwig,
Simone Waßermann, Miriam Brenck,
Katja Kronies, Christine Liebl,
Christiane Schmidt, Karin Graf, Matthias Keller
und Anke Dyes für Freundschaft, Anekdoten,
Hilfe und Vielfalt.
Ich danke meinen Eltern.
Und ich danke sehr, sehr, sehr: Adrian,
Kasimir und Fedor Sauer.

Volte #2
herausgegeben von Jörn Dege und Mathias Zeiske

Gestaltung und Satz: Studio Matthias Görlich
(Matthias Görlich, Anna Kraus,
Charalampos Lazos)

Schrift: DeVille, Grilli Type

1. – 2. Tausend Oktober 2014
3. – 6. Tausend Dezember 2014

Erschienen bei Spector Books, Leipzig
www.spectorbooks.com

Der Titel ist auch als E-Book erhältlich
im Digitalverlag mikrotext
http://www.mikrotext.de
ISBN 978-3-944543-18-5

Printed in Germany
ISBN: 978-3-944669-66-3